U0033735

吳忠信日記

（1930-1933）

The Diaries of Wu Chung-hsin, 1930-1933

民國日記｜總序

呂芳上
民國歷史文化學社社長

人是歷史的主體，人性是歷史的內涵。「人事有代謝，往來成古今」（孟浩然），瞭解活生生的「人」，才較能掌握歷史的真相；愈是貼近「人性」的思考，才愈能體會歷史的本質。近代歷史的特色之一是資料閎富而駁雜，由當事人主導、製作而形成的資料，以自傳、回憶錄、口述訪問、函札及日記最為重要，其中日記的完成最即時，描述較能顯現內在的幽微，最受史家重視。

日記本是個人記述每天所見聞、所感思、所作為有選擇的紀錄，雖不必能反映史事整體或各個部分的所有細節，但可以掌握史實發展的一定脈絡。尤其個人日記一方面透露個人單獨親歷之事，補足歷史原貌的闕漏；一方面個人隨時勢變化呈現出不同的心路歷程，對同一史事發為不同的看法和感受，往往會豐富了歷史內容。

中國從宋代以後，開始有更多的讀書人有寫日記的習慣，到近代更是蔚然成風，於是利用日記史料作歷

史研究成了近代史學的一大特色。本來不同的史料，各有不同的性質，日記記述形式不一，有的像流水帳，有的生動引人。日記的共同主要特質是自我（self）與私密（privacy），史家是史事的「局外人」，不只注意史實的追尋，更有興趣瞭解歷史如何被體驗和講述，這時對「局內人」所思、所行的掌握和體會，日記便成了十分關鍵的材料。傾聽歷史的聲音，重要的是能聽到「原音」，而非「變音」，日記應屬原音，故價值高。1970年代，在後現代理論影響下，檢驗史料的潛在偏見，成為時尚。論者以為即使親筆日記、函札，亦不必全屬真實。實者，日記記錄可能有偏差，一來自時代政治與社會的制約和氛圍，有清一代文網太密，使讀書人有口難言，或心中自我約束太過。顏李學派李塨死前日記每月後書寫「小心翼翼，俱以終始」八字，心所謂為危，這樣的日記記錄，難暢所欲言，可以想見。二來自人性的弱點，除了「記主」可能自我「美化拔高」之外，主觀、偏私、急功好利、現實等，有意無心的記述或失實、或迴避，例如「胡適日記」於關鍵時刻，不無避實就虛，語焉不詳之處；「閻錫山日記」滿口禮義道德，使用價值略幾近於零，難免令人失望。三來自旁人過度用心的整理、剪裁、甚至「消音」，如「陳誠日記」、「胡宗南日記」，均不免有斧鑿痕跡，不論立意多麼良善，都會是史學研究上難以彌補的損失。史料之於歷史研究，一如「盡信書不如無書」的話語，對證、勘比是個基本功。或謂使用材料多方查證，有如老吏斷獄、法官斷案，取證求其多，追根究柢求其細，庶幾還原

案貌，以證據下法理註腳，盡力讓歷史真相水落可石出。是故不同史料對同一史事，記述會有異同，同者互證，異者互勘，於是能逼近史實。而勘比、互證之中，以日記比證日記，或以他人日記，證人物所思所行，亦不失為一良法。

從日記的內容、特質看，研究日記的學者鄒振環，曾將日記概分為記事備忘、工作、學術考據、宗教人生、游歷探險、使行、志感抒情、文藝、戰難、科學、家庭婦女、學生、囚亡、外人在華日記等十四種。事實上，多半的日記是複合型的，柳貽徵說：「國史有日歷，私家有日記，一也。日歷詳一國之事，舉其大而略其細；日記則洪纖必包，無定格，而一身、一家、一地、一國之真史具焉，讀之視日歷有味，且有補於史學。」近代人物如胡適、吳宓、顧頡剛的大部頭日記，大約可被歸為「學人日記」，余英時翻讀《顧頡剛日記》後說，藉日記以窺測顧的內心世界，發現其事業心竟在求知慾上，1930 年代後，顧更接近的是流轉於學、政、商三界的「社會活動家」，在謹厚恂恂君子後邊，還擁有激盪以至浪漫的情感世界。於是活生生多面向的人，因此呈現出來，日記的作用可見。

晚清民國，相對於昔時，是日記留存、出版較多的時期，這可能與識字率提升、媒體、出版事業發達相關。過去日記的面世，撰著人多半是時代舞台上的要角，他們的言行、舉動，動見觀瞻，當然不容小覷。但，相對的芸芸眾生，識字或不識字的「小人物」們，在正史中往往是無名英雄，甚至於是「失蹤者」，他們

如何參與近代國家的構建，如何共同締造新社會，不應該被埋沒、被忽略。近代中國中西交會、內外戰事頻仍，傳統走向現代，社會矛盾叢生，如何豐富歷史內涵，需要傾聽社會各階層的「原聲」來補足，更寬闊的歷史視野，需要眾人的紀錄來拓展。開放檔案，公布公家、私人資料，這是近代史學界的迫切期待，也是「民國歷史文化學社」大力倡議出版日記叢書的緣由。

導言

王文隆
南開大學歷史學院副教授

一、吳忠信生平

　　吳忠信（1884-1959），字禮卿，一字守堅，別號恕庵，安徽合肥人。1900 年八國聯軍攻陷北京，光緒帝與慈禧太后西逃，鑑於國難而前往江寧（南京）進入江南將弁學堂，時年僅十七。1905 年夏天畢業後，奉派前往鎮江辦理徵兵，旋受命為陸軍第九鎮第三十五標第三營管帶，開始行伍生涯。隔年經楊卓林介紹，秘密加入同盟會。1911 年武昌起義，全國響應。林述慶光復鎮江，自立為都督，任吳忠信為軍務部部長，後改委為江浙滬聯軍總司令部總執行法官兼兵站總監。

　　1912 年元旦，孫中山就任中華民國臨時大總統，奠都南京，吳忠信任首都警察總監。孫中山辭職後，吳忠信轉至上海《民立報》供職，二次革命討袁時復任首都警察總監，失敗後亡命日本，加入孫中山重建的中華革命黨。並於 1915 年，在陳其美（字英士）帶領下，與蔣中正同往上海法國租界參預討袁戎機，奠下與蔣中正的深厚情誼。1917 年，孫中山南下護法組織軍政府，吳忠信奉召前往擔任作戰科參謀，襄助作戰科主任蔣中正，兩人合作關係益臻緊密。爾後，吳忠信陸續擔任粵軍第二軍總指揮、桂林衛戍司令等職。1922 年，

吳忠信作為孫中山的全權代表之一員，與段祺瑞、張作霖共商三方合作事宜。同年 4 月前往上海時，因腸胃病發作，辭去軍職，卜居蘇州。爾後數年皆以身體不適為辭，在家休養，與好友羅良鑑（字佶子）等人研究諸子百家。

1926 年 7 月，蔣中正就任國民革命軍總司令，誓師北伐，同年 11 月克復南昌後，邀請吳忠信出任總司令部顧問，其後歷任江蘇省政府委員、淞滬警察廳廳長、建設委員會委員、河北編遣委員會主任委員等職。1929 年，因國家需要建設，前往歐美考察十個月。1931 年 2 月奉派為導淮委員會委員，同月監察院成立，又任監察委員。1932 年 3 月受任為安徽省政府主席，次年 5 月辭職獲准後，轉任軍事委員會南昌行營總參議。1935 年 4 月擔任貴州省政府主席，次年 4 月因胃腸病復發加以兩廣事變，呈請辭職，奉調為蒙藏委員會委員長。自此主掌邊政八年，期間曾親赴西藏主持達賴喇嘛坐床、前往蘭州致祭成吉思汗陵，並視察寧夏、青海及新疆等邊疆各地。1944 年 9 月調任新疆省政府主席兼保安司令，對內以綏撫為主，對外應付蘇聯及三區（伊犁、塔城、阿山）革命問題，1946 年 3 月辭任後，任國民政府委員，並當選第一屆國民大會代表。

1948 年 4 月，蔣中正當選行憲後第一任中華民國總統，敦聘吳忠信為總統府資政，復於該年年底委為總統府秘書長。1949 年 1 月 21 日蔣中正引退後，吳忠信堅辭秘書長職務，僅保留資政一職。上海易手之前，吳忠信舉家遷往台灣，被推為中國國民黨中央非常委員會

委員，並任中國銀行董事、中央銀行常務理事。1953
年 7 月起，擔任中央紀律委員會主任委員。1959 年 10
月，吳忠信腹瀉不止，誤以為腸胃痼疾發作，未加重
視。不久病情加劇，乃送至榮民總醫院，診療結果為肝
硬化，醫藥罔效，於該年 12 月 16 日辭世。

二、《吳忠信日記》的史料價值

吳忠信自 1926 年任國民革命軍總司令部顧問時開
始撰寫日記，至1959 年辭世前為止，共有 34 年的日
記。其中 1937、1938 年日記存藏於香港，1941 年年
底日軍佔領香港時未及攜出而焚毀，因而有兩年闕佚
（1942.3.15《吳忠信日記》）。

《吳忠信日記》部分內容，例如《西藏紀遊》、
《西藏紀要》以及《吳忠信主新日記》曾先後出版，披
露其在 1933 年經英印入藏辦理達賴喇嘛坐床大典以及
1944 年出任新疆省政府主席之過程，其餘日記內容大
多未經公開。現在透過民國歷史文化學社的努力，將該
批日記現存部分，重新打字、校訂出版，以饗學界。這
批日記的出版，足以開拓民國史研究的新視角。

（一）蔣吳情誼

蔣中正與吳忠信的情誼在日記中處處可見。除眾所
周知的託其就近關照蔣緯國及姚冶誠一事外，蔣中正派
任吳忠信為地方首長的背後，也有藉信賴之人，安頓地
方、居間調處的考量。如吳忠信於 1935 年 4 月派為貴
州省政府主席，原以江南為實力基礎的南京國民政府，
得以將其力量延伸入西南，在當地推展教育與交通等基

礎建設，並透過吳忠信居間溝通協調南京與桂系關係，
從日記中經常記述與桂系來人談話可見一斑。而陳誠此
時以追剿為名，率中央軍進入貴州，在吳忠信與陳誠兩
人通力合作之下，加強中央對貴州的掌控，為未來抗戰
的後方準備奠立基礎。又如吳忠信於抗戰末期接掌新疆
省務，以中央委派之姿取代盛世才為新疆省政府主席，
一改「新疆王」盛世才當政時的高壓政策，採取懷柔態
度，釋放羈押的漢、維人士，並派員宣撫南疆，圖使新
疆親近中央，這都得是在蔣中正對吳忠信的高度信任
下，才能主導的。當蔣中正於 1949 年 1 月下野，李宗
仁代總統時，吳忠信居間穿梭蔣中正、李宗仁二人之
間，由是可見吳忠信在二人心中的特殊地位。直至蔣中
正於 1950 年 3 月 1 日「復行視事」，每個布局幾乎都
有吳忠信的角色存在。

（二）蒙藏邊政

　　吳忠信長年擔任蒙藏委員會主任委員，關於邊疆問
題的觀點與處置，也是《吳忠信日記》極具參考價值的
部分。吳忠信掌理蒙藏委員會，恰於全面抗戰爆發前至
抗戰末期，在邊政的處置上，期盼蒙、藏、維等邊疆少
數民族能在日敵當前的情況下，親近中央、維持穩定。
針對蒙藏，吳忠信各有安排，如將蒙古族珍視的成吉思
汗陵墓遷移蘭州，以免日敵利用此一象徵的用心。對於
藏政，則透過協助班禪移靈回藏（1937 年）、達賴坐
床大典（1940 年 2 月）等重要活動，維護中央權威，
避免西藏藉英國支持而逐漸脫離中央掌控。1940 年 5
月於拉薩設置蒙藏委員會駐藏辦事處是最成功的宣示，

力採「團結蒙古、安定西藏」的策略，穩定邊陲。吳忠信親身參與、接觸的人面廣泛，對於邊事的觀察與品評，值得讀者深思推敲。

（三）貫穿民國史的觀察

長達 34 年的《吳忠信日記》，貫穿了國民政府自北伐統一、訓政建國、抗日戰爭到國共內戰，以及政府遷台初期的幾個重要階段。透過吳忠信得以貼近觀察各階段的施政重心與處置辦法，以個人史或是生活史的角度，觀察黨政要員在這些動盪之中的處境、心境與動態。更能搭配其他同樣經歷人士的紀錄，相互佐證。

三、日記所見的個人特質

日記撰述，能見記主公私生活，從中探知其性格與思維，就日記的內容來分析，或許能得知吳忠信的個人特質。

（一）愛家重情

吳忠信的愛家與重情，有兩個層面，一是對於家族的關懷，一是對於鄉誼、政誼的看重。家人一直都是他的牽絆與記掛，他與正室王惟仁於 1906 年結婚，卻膝下無子。在惟仁的寬宏下，年四十迎娶側室湘君，1926年初得長女馴叔，嘗到為人父的喜悅。爾後湘君又生長子申叔，使得吳家有後，但沒過多久，湘君竟因肺炎撒手人寰，年方二十五，使得吳忠信數日皆傷心欲絕，在日記中曾寫道：「自伊去後，時刻難忘。每一念及，不知所從。」（1932.12.31《吳忠信日記》）爾後吳忠信經常前往湘君墳上流連，一解思念之情。湘君故後，吳

忠信又迎娶麗君（後改名麗安），生了庸叔、光叔兩
子。不過吳忠信與麗安感情不睦，經常爭執，在日記中
多次記下此事的煩擾。吳忠信重視子女教育，抗戰勝利
後，馴叔赴美求學，嫁給同樣赴美、專攻數量經濟學的
林少宮，生下了外孫，讓吳忠信相當高興。1954 年，
或因聽聞林少宮將攜家帶眷離美赴大陸，吳忠信並不贊
成，不斷去函馴叔勸其留在美國，如果一定要離開，也
務必來台。同年 8 月 6 日，吳忠信獲悉馴叔一家已經離
開美國，不知所蹤，從此以後，日記鮮少提到這個疼愛
的女兒。這一年年末在日記的總結寫道：「最煩神是
子女問題，尤其家事真是一言難盡。」表現出心中的
苦悶。

　　吳忠信相當看重安徽同鄉，安徽從政前輩中最敬重
的要屬北京政府國務總理段祺瑞，兩人政治立場並不相
容，但鄉誼仍重。吳忠信自段祺瑞移居上海後，經常從
蘇州前往探望，段祺瑞身故時，也親往弔祭。對於同
鄉後進，無論是在政界或是學界，多所關照，願意接
見、培養或是推介，因此深為鄉里所敬重。如 1939 年
在段祺瑞女婿奚東曙的引介下，會晤出身安徽舒城的孫
立人，在當天的日記中寫道：「〔孫立人〕清華大學畢
業後，赴美國學陸軍，八一三上海抗日之後，身負重
傷，勇敢可佩。此人頭腦清楚，知識豐富，本省後起之
秀。」（1939.9.28《吳忠信日記》）頗為欣賞。或許是
命運的作弄，當 1955 年爆發郭廷亮匪諜案時，吳忠信
恰為九人調查委員會的一員，於公不能不辦，但於私仍
同情孫立人的處境，認為他「一生戎馬，功在黨國，得

此結果，內心之苦痛，可以想見，我亦不願多言，是非曲直留待歷史批評」。

吳忠信同樣在乎的還有政誼，盡力多方關照共事的同事。如羅良鑑不僅是他生活的良伴，也是與他同任安徽省政府委員的至交，兩人都在蘇州購地造園，經常往來。爾後，吳忠信主政安徽省、貴州省與蒙藏委員會時，羅良鑑都是他的左右手，離任蒙藏委員會時，更推薦羅良鑑繼任。1948年12月21日，羅良鑑夫婦自上海前往香港，飛機失事罹難，隔年骨灰歸葬蘇州。吳忠信在蔣、李兩方居間穿梭繁忙之際，特地回到蘇州參加喪禮，深為數十年好友之失而悲痛，可看出吳忠信個人重情、真誠的一面。

（二）做人做事有志氣有宗旨

吳忠信曾經在1939年元旦的自勉中，自述「余以為做人做事，必有志氣，有宗旨，然後盡力以赴，始可有成。」另亦述及「自入同盟會、中華革命黨而迄于今，未敢稍渝此旨。至以處人論，則一秉真誠，不事欺飾，對於人我分際之間，亦嘗三致意焉。」這是他向來自持的。就與蔣中正的關係而論，自詡亦掌握此一原則，他在同日又記下：「余與蔣相處，民十五後可分三個階段，由十六年起至十八春出洋止，以革命黨同志精神處之；由十九年遊歐美歸國起至二十一年任安徽省主席以前止，則以朋友方式處之；由安徽主席起以至于今，則以部屬方式處之。比年服務中樞，余于本身職掌外，少所建議，于少數交遊外，少所往還，良以分際既殊，其相處之標準，不可不因之而異也。余在過去十二

年來，因持有上述之宗旨與標準，故對國事，如在滬、
在平、在皖、在黔及目前之在蒙藏委員會，均能振刷調
整，略有建樹，絲毫未之貽誤；對友人如過去之與蔣，
雖交誼深厚，然他人則與之誤會叢生，而余仍能保持此
種良好關係，感情日有增進，而毫無芥蒂。……即無論
國家之情勢若何，當一本過去，對國竭其忠、對友竭其
力，如此而已。概括言之：即「救國」、「助友」兩大
方針是也。」

　　由此可知，在吳忠信待人之原則，必先確認兩人之
關係，進而以身分為斷，調整相待之禮。他長時間服務
公職，練就出一套為公不私的原則，經常在日記中自記
用人、薦人之大公無私，此亦為其「救國」、「助友」
之顯現，常以「天理、國法、人情」與來者共勉。

四、結語

　　吳忠信於公歷任軍政要職，於私是家族中的支柱。
公私奔忙之餘，園藝之樂，或許才是他的最愛。他常在
一手規劃的蘇州庭園裡，親自修剪、坌土，手植的紫
藤、楓樹、柳樹、紅梅、白梅等在園中，隨著季節的
變化而映放姿彩，園林美景是他內心的慰藉。吳忠信
1949 年回蘇州參加羅良鑑夫婦葬禮後，短暫地回到自
宅園林，感嘆地寫道：「園中紅梅業已開散，白梅尚在
開放，香味怡人。果能時局平定，余能常住此園以養殘
年，余願足矣。」（1949.2.21《吳忠信日記》）可惜，
這是他最後一次回到蘇州，之後再無重返機會，願與
天違。

　　這份與民國史事有補闕作用的《吳忠信日記》並非全出於其個人手筆，部分內容為下屬或親屬經其口述謄寫而成。1940 年，他就提到：「余自入藏以來，身體時常不適，且事務紛繁，日記不時中斷，故託纕蘅兄代記，國書姪代繕。」（1940.1.23《吳忠信日記》）且在記述中，也有於當日日記之末，囑咐某一段落應增添某公文，或是某電文的文字，或可見其在撰述日記之時，便有日後公諸於世的預想。或許是如此，吳忠信在撰寫日記時，不乏為自己的行動辯白，或是對他人、事件之品評有所保留的情況，此或許是利用此份日記時須加以留意的地方。

編輯凡例

一、 本社出版吳忠信日記，起自 1926 年，終至 1959 年，共 34 年。其中 1926 年日記為當年簡記，兼錄 1951 年補述版本；1937 年至 1938 年於太平洋戰爭爆發後，其家人逃離香港時焚毀，僅有補述版本。

二、 古字、罕用字、簡字、通同字，在不影響文意下，改以現行字標示。

三、 日記中原留空白部分，以□表示；難以辨識字體，以■表示。編註以【】標示。

四、 吳忠信於書寫時，人名、地名、譯名多有使用同音異字、近音字，恕不一一標註、修改。但有少數人名不屬此類，為當事人改名者，如麗君改名麗安、曾小魯改名曾少魯等情形，特此說明。

目錄

1930 年（民國 19 年）　47 歲

1 月 1 日　星期三

午後往晤季文。佶子明日由港到滬。近日唐生智在京漢鐵路南段與中央軍開戰。閻錫山地位甚重，態度令人莫測，大有舉足輕重之勢。

1 月 2 日　星期四

午前高季堂來談，並留午飯。佶子午後四時到滬，偕三先生到海關碼頭迎接，與佶子同至一品香。晚七時偕佶子往晤季文，十時回。

1 月 3 日　星期五

午後偕佶子訪季文，談論甚久。

1 月 4 日　星期六

午後偕佶子訪季文。閻錫山昨日到鄭州，將發通電息爭。連日唐生智與中央軍在信陽附近大戰，唐軍失利。

1 月 5 日　星期日

午前到一品香偕佶子訪楊敦甫，午後訪季文。張亞威明日由天津來滬。

1 月 6 日　星期一

張亞威午後二時到滬，住一品香。

1月7日　星期二

午後訪季文。請亞威夫婦晚飯，羅先生作陪。近日大寒，室外華氏寒暑表降至二十二度，室內有大降三十五度，數十年未有之奇冷也。

1月8日　星期三

午前偕楊敦甫到仁記路補牙。約亞威、偖子、叔仁會賓樓午飯。亞威午後赴蘇，偖子、叔仁夜車赴甯。唐生智下野，閻令唐部集中周家口改編。

1月9日　星期四

午後雙鳳園沐浴。

1月10日　星期五

叔仁由甯趁夜車，七時到滬。羅昨由甯回蘇。綏遠一萬五千災民凍斃。擬明日返蘇州。

1月11日　星期六

趁十二時卅車，三時到蘇州。偖子、亞威、影毫來談，並留晚飯。

1月12日　星期日

午前到新園，到羅家、張家。午後凌毅然來談，留張、羅、曾晚飯。擬明日赴南京。

1 月 13 日　星期一

趁上午十一時車，下午四點一十七分到下關，住大華飯店。小二爺及蘇企六來談。又呂煥章（號昆玉），係廿八年前隨營學堂同學，伊託我為方振武說項，我因是非起見，未便即時進言也。

1 月 14 日　星期二

早七時晤介兄。八時訪邵力子，談甚久。十二時韓伯母及希昭妹來，留午飯。晚八時半再晤介兄，余主張和平統一。又邵力子、陶友岑先後來談。報載何應欽、劉峙通電，唐生智殘部在河南灤河南岸完全繳械。擬明早回蘇。

1 月 15 日　星期三

上午八時，陶友岑送我到車站趁九時車，午後三時半到蘇州。本日天氣甚寒，大雪飛飛，沿途風暴甚佳。佶子來談。太湖土匪猖獗，蘇水警游緝隊長陣亡，浙水警區長受傷。

1 月 16 日　星期四

午前王德鈞、蘇企六來蘇，因方案連累被押，昨由余保出，伊為人忠實，決無不法行為。午後佶子、影毫、芝卿來，並留晚飯。閻百川昨日由鄭返晉，時局混沌，令人難測。

1月17日　星期五

午前蘇企六、王德鈞來談。午後偕佶子、影毫樂群沐浴。晚間與王清俠談清朝歷史。擬明日赴上海。

1月18日　星期六

趁午後一時四十分車，五時二十分到滬。

1月19日　星期日

午後訪于右任，又雙鳳園沐浴。蔣阿姑偕蔣太太來看馴兒。

1月20日　星期一

午前十時仁記路何安華醫生看牙。午後到江灣訪易培基。湘君帶馴兒到朱家拜朱太太壽。

1月21日　星期二

午前請何醫生看牙。午後未出門。湘君帶順兒到朱家拜朱太太壽。

1月22日　星期三

午前看牙。午十二時半車，三先生送湘君及馴兒回蘇州。午後雙鳳園沐浴。

1月23日　星期四

午前看牙齒。午後亞威來談，並留晚飯。三先生由蘇回滬。

1 月 24 日　星期五

午前訪陳靄士。午後偕方叔到光華看敬叔、和渠，又天幹、道叔來。擬明日回蘇州。

1 月 25 日　星期六

午前補牙、洗牙。趁午十二時卅分車，三時到蘇州。適張海洲、汪筱侯來請我指示他們前途方針，我告勿多事，免是非。余力奎因常州兵變，昨在皖被捕，伊家請求我援救，我實難于開口。

1 月 26 日　星期日

午前凌毅然來，午後往佶子、亞威家。

1 月 27 日　星期一

午前到影毫家訪蘇企六，偕影毫、企六訪凌毅然，同往三和居午飯。午後王德鈞由津到蘇，留王及佶子、亞威、芝卿晚飯。王晚車赴滬，擬明日派保通赴京送信。

1 月 28 日　星期二

午前未出門。午後樂群沐浴。派保通送信往京與果夫。

1 月 29 日　星期三

午前未出門。午後偕王靖侯到護龍街買舊物。本日舊曆大除夕，社會舊習難改，仍須度舊歲，實與政府明

令相反。在余意見，此等小節可以聽其自然可耳。

1月30日　星期四

上午梅、蔣、羅、張、何諸人家拜年。午後偕靖侯市中散步。

1月31日　星期五

午前凌毅然父子來拜年。午十二時請請羅、張、顏、曾、蘇、梅、王、蔣便飯。午後彭丙一來拜年，偕偉國觀前及護龍街一帶散步，公園吃茶。市中紅男綠女往來，北棱幾為市外桃園，那知中原鼎沸，人民流離失所也。

2月1日　星期六

　　午前未出門。午後謝偉民、謝伯傑來拜年，陪伊等參觀新園及羅園，留伊等晚飯，影毫、企六作陪。石友三所部由蚌埠移防歸德，津浦通車，時局較前穩定。

2月2日　星期日

　　凌毅然請吃午飯。飯後企六、影毫、佛菴清泉沐浴，企等及偕子、亞威來家晚飯。

2月3日　星期一

　　午前往羅家，並遇蘇崑山、張矯臣、張亞威在羅午飯。午後李伯英來談，並留晚飯。

2月4日　星期二

　　蘇企六在曾家請吃午飯，張矯臣請吃晚飯，均係正式酒席，未免太費了。晚張矯臣來談太湖剿匪事。擬明日赴滬辦理諸姪入學堂事。

2月5日　星期三

　　偕偕子趁十二時卅分車，二時半到滬。晚訪朱子謙、謝偉民。

2月6日　星期四

　　午前訪何克之、高季堂，在杏花樓請吃午飯，有偕子、叔仁。晚間雙鳳園沐浴。

2月7日　星期五

午前訪何克之、熊斌，亦到何處談話。午後三時高季堂來，同往一品香會吳新田，請吳在杏花樓晚飯。又上午九時卅分楊敦甫來談。

2月8日　星期六

午前王德均來云逸唐通緝已取銷。趁十二時卅分車，三時到蘇州。

2月9日　星期日

午後偌子來，午前未出門。到新園監工造路。中俄交涉我方欠利，外部將辦理此事司長周龍光、芬蘭公使朱紹陽、交涉員蔡運新免職。

2月10日　星期一

午後訪影毫，同往新園。介兄來電約偌子赴京一談，伊擬明日特別快前往。晚間偌子偕亞威來談。

2月11日　星期二

午前到新園往羅家，羅趁午十一時車往南京。吾人只求安居樂業，種菜養花，吃吃苦飯，其他非所期也。午後到樂群沐浴，到安徽會館，又將客房前花台取銷，另種含笑。

2月12日　星期三

終日在新園監工。上午凌毅然來談，吳江佃戶借

款，我允借二百元。午後影毫父子來，留晚飯。偕子今夜由南京回蘇。

2 月 13 日　星期四

偕子、亞威來談，在偕家午飯。新園工作。

2 月 14 日　星期五

本日在新園伐去無用桃樹及梅樹，另起藤架附近之花台（影毫設計的）。張亞威請吃午飯。

2 月 15 日　星期六

新園工作。蔣府午飯。偕偕子到曾園，在偕子家吃茶，遇何亞龍。閻百川蒸電蔣介石，要求同時下野。近日時局稍定，而又起風波，正可謂多事之秋矣。

2 月 16 日　星期日

午前往新園工作，到曾園，同至鄒園買樹，午後修理柳樹。三時偕張亞威到何亞龍家吃茶。

2 月 17 日　星期一

新園工作。羅家午飯。午後偕偕子、佛菴樂群沐浴。報載蘇豫交界之隴海路線備戰，中央軍在徐州之西，豫軍、韓、石等部在豫東。

2 月 18 日　星期二

午前新園工作，午後偕羅、曾二君到余家花園，到

曾園。

2月19日　星期三

新園工作，並種樹。午偕羅、曾二兄到鄒園買樹，樂群沐浴，自由農場晚飯。

2月20日　星期四

新園工作，並植松樹，當門之三藩又植黃楊等。晚間亞威來談。

2月21日　星期五

新園工作，與影毫起大門內花架前之花台。羅家午飯。

2月22日　星期六

新園工作，種波蘿。午後偕偌子往遊曾園，又到鄒園購骨裡紅梅及綠梅。

2月23日　星期日

新園工作，偕偌子遊黃園。午後到曾園觀梅，遇叔怡兄，擬明日伊午飯。蔣、閻通電彼此責難，雙方調集軍隊，大有一觸即發之勢。

2月24日　星期一

午前到新園工作。約張叔怡、蘇企六、偌子、影毫午飯。午後到蔣園代種柿樹，到凌家觀影毫代伊種樹。

觀前買零物。

2 月 25 日　星期二

　　午前到黃園送換種之柏樹。擬明往南京，佶子同行。午後樂群沐浴。外報載閻百川連合各方將領通電，主張開國民會議，反對武力統一。

2 月 26 日　星期三

　　偕佶子趁九時卅分車，午後三時到南京，四時晤介兄。伊此次約我來京，係談妥洽桂事毫無結果，我主改良政治，使人民安居。近日南北調集軍隊，戰事似在目前，可悲者小民耳。

2 月 27 日　星期四

　　午前訪張靜江、李石曾、陳果夫諸君，並在張處遇鈕永建、葉楚傖諸君。偕亞威、佶子安樂酒店午飯。午後偕佶子遊覽公園。晚八時半到中山陵晤介兄，談佶子任蘇民廳長事。

2 月 28 日　星期五

　　五時半起身，趁七時車回蘇，午十二半到蘇州。到曾園，約影毫同到樂群沐浴，羅園看梅花。

3月1日　星期六

移植塘邊大杏樹，又移種羅家送的洋玉蘭。午前訪譜笙，又偕譜笙到新園看梅花。

3月2日　星期日

種新園大柏椿及大花台與塘邊樹木，計二十餘株。

3月3日　星期一

午前新園工作。午後與佶子在曾園觀梅。女用人阿金，吳江人，在余家八年之久，工作怠惰，無故自請下工，所謂飯緣已滿也。

3月4日　星期二

新園工作，植台上之多形松及塘邊之大石梅花、丁香花等等。

3月5日　星期三

天雨未出門。張學良通電主張和平，時局暫趨和緩。

3月6日　星期四

午後到銀行取款，樂群沐浴買留聲唱片。閻百川通電辭本兼各職，擬偕馮煥章出洋，閻在河南軍隊向河北撤退。

3月7日　星期五

冷禦秋來蘇觀梅，偕子請伊午飯，我及叔怡、影毫、企六作陪，飯後偕冷等到新園、曾園，在曾家晚飯。

3月8日　星期六

午前到新園。午後王德均來，偕同遊覽羅園。

3月9日　星期日

到新園、到蔣園。約偕子、芝卿午飯。午後偕伊等到張亞威新買之烏雅場地皮參觀，又至亞威家。六時王先友、王琢之來請予代余立奎說項。晚亞威來談。

3月10日　星期一

本日與影毫代蔣園植樹。午後偕偕子、亞威、影毫樂群沐浴，自由農場晚飯。國府命令閻錫山辭職照准，派赴歐美考察實業，果能出洋，時局亦可稍安一時也。

3月11日　星期二

午前新園工作，羅家午飯。飯後同往遊亞威新園，留亞威、偕子晚飯。連日大雨，新園塘工受阻，而水長不已，包工者頗受損失，只有將來津貼，斷不能使工人吃虧也。

3月12日　星期三

張亞威約午飯。天雨未能工作。

3月13日　星期四

午前新園工作。羅家午飯。午後到曾園，偕影毫樂群沐浴。

3月14日　星期五

本日在新園植木瓜、馬英、臘梅、羅漢松，又由羅家移種慈孝竹，又由梅家移大竹十根，種在竹園屋北部。擬明晨赴上海醫牙，並訪陳光甫兄，因伊近日由海外歸來也。

3月15日　星期六

趁上午七時車，十一時〇八分到滬，午後一時何安華看牙。訪光甫，適外出未晤。八時偕三先生大舞台觀戲。馮、閻部下通電阻閻出洋，閻有從緩之說，馮由太原回陝西，閻有至石家莊之說。似此情形，又將用兵。

3月16日　星期日

上午楊敦甫來，同至上海銀行訪陳光甫，伊初由海外歸來，特謝其在歐洲之招待。午後，謝韙民來談，又往訪朱子謙。八時在大華飯店請光甫、敦甫晚飯。

3月17日　星期一

朱子謙家午飯。午後雙鳳園沐浴。晚飯後偕三先生大馬路散步。擬明日回蘇州。

3 月 18 日　星期二

佸子由京趁夜車，晨七時到滬，係因發表蘇省委員之故也。我九時車回蘇。午後新園工作。今日種白皮松一株，計洋五十元，另送蔣園一株。

3 月 19 日　星期三

午前偕湘君、馴兒到曾園遊覽，遇同學彭壽生由湘來，特請在自由農場午飯。外報載晉、桂、馮各軍五十三將領通電，反對南京。馮玉祥到陝州指揮軍事，蔣亦將出發，大戰終不可免也。

3 月 20 日　星期四

本日在家改造湖石花台。午後偕佸子到樂群沐浴。

3 月 21 日　星期五

買新園湖石二百七十餘塊，計正價洋二百四十元，連運費等共約三百元。馮、閻通電就總、副司令，蔣在江南檢閱軍隊，雙方極積準備，大有一觸即發之勢。

3 月 22 日　星期六

午後往曾園遊覽。

3 月 23 日　星期日

午前在新園植塘邊櫻花、梅花，櫻係蔣家送的，梅花係曾家送的。午後完成闊家頭巷住宅花台工程，計二十六工，數月來林園工作，身心適宜，果能終老於此，

實所心願也。

3 月 24 日　星期一

新園工作。

3 月 25 日　星期二

新園工作。午後周孟蘭由天津來，係王逸塘派其南下連絡感情。

3 月 26 日　星期三

新園工作。陪周孟蘭遊羅、曾、張各園，約周在自由農場午飯，曾影亳、張亞威作陪。飯周回上海，我與曾、張樂群沐浴。

3 月 27 日　星期四

近日稍有感冒。午後仍到新園工作。何亞龍介紹章維燮（號梅軒）來見。章係淮軍名將章高元之第三子也。

3 月 28 日　星期五

凌毅然請吃午飯。午後冷禦秋來談。三先生由上海來。

3 月 29 日　星期六

張亞威約吃午飯。新園工作。

3 月 30 日　星期日

本日天雨，忽變寒，須著冬衣。因連日感冒未愈，今日服大瀉，至夜稍愈，疲倦皆因多食之故也。

3 月 31 日　星期一

請王竹虛診治肚瀉。

4月1日　星期二

肚瀉將愈。午前仍到新園種西邊樟樹五根。閻百川在太原就海陸軍總司令，向津浦出兵，天下從此又要兵連火接。

4月2日　星期三

到新園。魯書由南京來談叔仁娶親事。

4月3日　星期四

本日未出門。下午在家園種羅漢松一株，據花師云該松已生長三十年矣。

4月4日　星期五

午後往樂群沐浴，到新園。上午朱太太來。擬明日赴南京。

4月5日　星期六

清晨新園工作，趁上午十一時車，在車站遇段運開。午後五時到南京，七時晤介兄，談整理太湖水警事宜。趁夜十一時車回蘇，在車中遇殷紹乘，數年不見之老友也。

4月6日　星期日

晨五時抵蘇，高季堂由滬來蘇，午後赴京。午後新園工作，種塘草。羅、張、曾、蘇四君晚飯。午陳人厚來談。

4 月 7 日　星期一

段運凱晨六時來，係由南京趁夜車來的，偕段到羅園請段午飯。張亞威、羅佶子、顏芝卿、曾影毫諸君作陪。段午後赴滬，伊此來純係私人往還。

4 月 8 日　星期二

本日未出門。午前三先生由滬來。蔣今日往津浦南段檢閱軍隊，閻、馮部下在鄭州會議，大戰恐不遠矣。

4 月 9 日　星期三

三先生午車回滬。午後到曾園，偕影毫視凌毅然疾，四時在樂群沐浴。

4 月 10 日　星期四

午前到新園看新出竹笋。午後未出門。

4 月 11 日　星期五

天雨未出門。

4 月 12 日　星期六

午前到新園種塘邊芙蓉花。叔怡、影毫、佶子討論太湖治安，並起草大綱，午後偕佶子、影毫樂群沐浴。亞威約自由農場晚飯。

4月13日　星期日

新園工作。報載孫殿英軍進皖北，蒙城發生戰事，隴海碭山亦發生戰事。叔怡回鎮江，伊有通州縣長消息。

4月14日　星期一

午前到羅園，到新園。午後看書，未出門。

4月15日　星期二

午後到謝家看李夫人病，係肺病，已三年，現已臥床不起矣。又到曾園遊覽。

4月16日　星期三

午前到新園。葉楚傖、張靜江來電約我到南京，大約商量蘇浙治安事。又孫懷遠係黃浦學生，同鄉孫品驂之子也，託我向當局進言求工作。但我兩年來抱獨善其身主義，實不願與聞一切政治也。

4月17日　星期四

新園工作。林德卿前往鎮江請蔣懷仁診胃病，現痊愈，今年來蘇。伊隨我多年，入生出死，而生活尚未解決，日在困難，可嘆。

4月18日　星期五

新園工作。皓子夜車回滬。三先生來蘇。

4 月 19 日　星期六

午前偕叔仁、德卿到羅園看牡丹。伊等午後回上海。四時偕佶子、影毫到吳苑，晤陳光甫、貝松蓀也。八時到新民橋花園飯店與光甫談話，是夜宿花園飯店。

4 月 20 日　星期日

光甫回滬，送伊到車站，遇李莘樓。午後未出門。外報載孫殿英部四萬人佔領蒙城、霍邱，向宿州、蚌埠進攻；又廣東軍總攻廣西軍；又馮、閻委齊燮元、孫傳芳為隴海平漢西路前敵總指揮。

4 月 21 日　星期一

清晨赴佶子家。伊今日往鎮。午後偕顏芝卿、曾影毫往十梓街嚴家看紅木家具，嚴君素管交易所一投機事業，賺錢甚多，起造洋房。現因事業失敗，洋房、家具均須出售，投機危險可不慎哉。擬明赴上海。

4 月 22 日　星期二

趁午十二時車，二時半到滬。因天雨未出門。

4 月 23 日　星期三

午前訪伍伯谷、陳光甫。午後謝為民來談。偕三先生到高亭公司買留聲片，大中酒樓晚飯。九時陳光甫、楊敦甫來，同大東看跳舞。十一時回，就寢。

4月24日　星期四

午前八時晤李石曾。高堂來談。午後偕高晤楊筱天，雙鳳園沐浴。到上海銀行晤陳光甫，伊約在元春晚飯，來商務印書館經理夏小芳、申報記者趙叔雍及楊敦甫諸君。十時回，老太太偕蔡德真今晨到滬。

4月25日　星期五

趁上午九時車，下午二時到杭州，住新新旅館。因天雨未出門，天氣甚寒。

4月26日　星期六

上午八時晤張靜江，討論整理太湖事宜，遊覽靈隱、天行、龍井等處，並謁于謙濟公墓。杭州市政大有進步，道路清潔，將來不難與上海並駕也。五時沐浴，七時再晤靜江。擬明日回滬。

4月27日　星期日

趁上午七時十五分車，下午一時卅分到滬。約三先生、三先生、林德卿、梅光裕到半齋晚飯。擬明晨回蘇。

4月28日　星期一

趁七時零五分車，九時半到蘇州。羅家午飯。新園工作。

4 月 29 日　星期二

上午新園工作。約百谷吃午飯。午後偕梅福菴樂群沐浴。三先生本日在滬與蔡德真接婚。

4 月 30 日　星期三

午前新園工作。午後到影毫家，同去看凌毅然病，又回看吳承齋。連日建造新園塘邊鐵欄杆及六角亭，日內當可完工。

5月1日　星期四

午前到新園。午後吳承齋來，同往新園，又到蔣家。伍百谷來，留晚飯，並留住宿。

5月2日　星期五

上午偕伍先生到新園，午後偕伍先生到曾園，又樂群沐浴。到直街看蘇企六購買之房屋。

5月3日　星期六

偕偌子回看何亞龍，何在約自由農場午飯，有芝卿、偌子、伯谷，並有新由法國留學回來徐景薇在坐。

5月4日　星期日

午前未出門。午後到新園，偕偌子南園散步，到曾園。近日喉痛。閻、馮均到鄭州，大戰將開始矣。

5月5日　星期一

午前未出門。影毫、偌子來談。午後請王竹盧診喉疾。

5月6日　星期二

喉痛尚未愈。報載馮、閻軍與中央軍已在歸德附近小有衝突。

5月7日　星期三

因喉痛未出門。影毫來談。謝家李太太病故，湘君

前去弔唁。

5月8日　星期四

喉痛稍有進步。上午至調丰巷請喉科專家馬覲侯診治，日間當可全愈。

5月9日　星期五

喉痛稍輕，但用涼藥過多，以致肚瀉及口味貶，又加昨夜失眠，精神非常疲困。午後戴季陶夫婦偕怡誠夫人來訪問。我晚間到蔣家回看戴君。

5月10日　星期六

午前偕季陶遊新園。到觀前取款家用。午後謝炎煊來，伊由湖南家鄉回來的。又偕子、影毫樂群沐浴。

5月11日　星期日

午前偕惟仁回看蘇企六夫人，偕偕子、影毫到謝家午飯。飯後到曾園回看張矯丞。近隴海之歸德附近大戰。

5月12日　星期一

午前偕影毫、福安至平門看銅業公所舊房磚瓦木料。午後到新園，在羅家午飯。擬明日赴鎮江遊覽。

5月13日　星期二

趁上午十一時十五分車，午後三時鎮江，住省廬。

至省府訪葉楚傖，伊在省廬請吃晚，有陳靄士、冷禦秋、羅佶子、孫宏哲作陪。

5月14日　星期三

上午葉楚傖約遊焦山，陳靄士、冷禦秋、羅佶子、李思廣作陪。在定慧寺午飯。午後偕冷遊覽趙伯先公園，並擬代植櫻花以記念故人。

5月15日　星期四

偕冷禦秋遊覽招隱寺、竹林寺、甘露寺。謁趙伯先憤墓。午後六時偕羅佶子回看陳靄士，到葉楚傖處辭行。禦秋請吃晚飯。此次來鎮係為太湖建設計劃，但無結果，因時機未至耳。

5月16日　星期五

清晨遊金山寺。趁九時四十分車回蘇，午後二時半到蘇州。中央軍佔歸德。

5月17日　星期六

午前到新園。羅家午飯。午後到曾園。

5月18日　星期日

午前到新園，偕佶子等到亞威新園遊覽，約佶子、亞威、影毫等午飯。飯後伊等打麻雀，並有謝炎煊在坐。

5 月 19 日　星期一

午前到新園，到羅家。午後未出門。

5 月 20 日　星期二

天雨未出門。報載張發奎軍及桂軍由桂入湘南。

5 月 21 日　星期三

天雨未出遊。午後陳舜耕來談，伊新由歐美歸來。

5 月 22 日　星期四

午前到新園。午後到曾園，偕影毫到觀前散步，又
到樂群沐浴。

5 月 23 日　星期五

新園工作。午後偕影毫、福安，汪瑞裕茶號樓上
吃茶。

5 月 24 日　星期六

新園工作。午後偕偌子、亞威、影毫樂群沐浴。留
伊等晚飯。

5 月 25 日　星期日

天雨未出門。晚張文伯來談。

5 月 26 日　星期一

清晨到閶門外花園飯店回看張文伯。新園工作。近

日隴海線大戰，雙方飛機擲炸彈，人民生命財產難免殃
及也。

5月27日　星期二

午前新園工作。午後偕影毫訪何肯蓀，又樂群沐
浴。老太太由上海來，林德卿由南京來，伊因謀事未
成，以伊在革命軍工作有年且曾受重傷，而生活不能解
決，良可嘆也。

5月28日　星期三

新園工作。午後到影毫家同訪凌毅然。蔣之主力軍
與閻、馮之主力軍連日在歸德、蘭封之間鏖戰，死傷
甚巨。

5月29日　星期四

新園工作。午謝炎煊來談，同往汪瑞裕吃茶，自由
農場晚飯，遊覽公園，有影毫、芝卿同行。謝因從軍，
多年飽受辛苦，現時甚願優遊林下，不欲再作出山之泉
矣。

5月30日　星期五

新園工作。午後到曾園，亞威、偌子晚間來談。中
央軍連日猛攻蘭封，未有進步。

5月31日　星期六

新園工作。蔣家約午飯。

6 月 1 日　星期日

本日端陽節。宗洞天、何肯蓀、顏芝卿等來拜節。新園工作。

6 月 2 日　星期一

到新園，到羅家，天氣甚熱。上月卅日中央軍在隴海路方面行第二次總攻，仍無進展。

6 月 3 日　星期二

午前到新園。午後到曾家。

6 月 4 日　星期三

本日天雨。午後到新園，看漢朝歷史。

6 月 5 日　星期四

到新園，午後到謝家、曾家，偕影毫到樂群沐浴。

6 月 6 日　星期五

到新園。段運愷由滬來，約伊在自由農場晚飯。桂軍到長沙，中央軍守岳州。

6 月 7 日　星期六

偕運愷到曾家，羅家約午飯。李思廣夫婦來蘇遊覽，一同在羅家午飯。李晚車回滬。

6月8日　星期日

午前偕運愷遊覽留園、虎丘。張亞威家午飯。運愷午後回上海。

6月9日　星期一

上午到新園，到羅家。下午偕佶子、影毫、企六到樂群沐浴，遇何亞龍，一同塔倪巷、寶積寺。因程雪樓先生明日在此開追悼會，得送輓聯至此，又一同到自由農場吃點心。

6月10日　星期二

上午八時陳光甫來，同赴寶積寺悼程雪樓先生。遇陳靄士諸君，約在自由農場午飯。飯後陪光甫到羅家，到吳苑吃茶。約光甫在家晚飯。伊九時出城，擬明日回滬。

6月11日　星期三

本日天雨。午後到新園，到羅家。晚謝雲龍來，託我代他說項謀縣公安局長事。現在失業者日多，往往一差缺有一、二十人營謀者，值此米珠薪桂之時，社會生活日見困難，大局前途令人生愁。

6月12日　星期四

本日天雨。午前到新園，午後到曾家。

6月13日 星期五

午前到新園。午後未出門。梅福菴送楊二復工，楊因與張工人發生衝突，自動下工，因楊性情忠實，故令其復工也。

6月14日 星期六

陳雪樓先生靈柩上午十一時到蘇，擬安葬寒山寺西半畝橋。我與佶子等于十一時半到車站迎悼，十二時與佶子、影毫、亞威到惟盈旅館午飯。冷禦秋來蘇遊覽，約其在自由農場晚飯。

6月15日 星期日

到新園。清晨亞威來談。冷禦秋到羅家閒談，羅留午飯及晚飯，我與亞威、影毫作陪。我一生說話爽直，近來感覺容易起人誤會，此後應格外留心，總以少說為宜也。

6月16日 星期一

到新園，到羅家。午後到樂群沐浴，觀前買老光眼鏡。四時謝炎煊夫婦到新園，同到梅家。報載桂軍集中汨羅、平江一帶，中央軍集中汀泗橋，大戰即將開始。又駐蘇傷兵昨日鬧事，商家臨時閉市。

6月17日 星期二

本日與影毫在新園整理籐架，因藤將次長成也。目前此間傷兵鬧事，包圍縣署，解除警察武裝，槍傷駐軍

連長，隨時搶劫。業將為首二兵士槍決，人心大定。報
載桂軍向江西移動，中央軍何健部入長沙。

6月18日　星期三

上午到新園。下午偕亞威到樂群沐浴。此次戰事時
間甚長，區域亦廣，民窮財盡，遍地萑苻。又加金貴銀
賤，百物奇貴，生活遇覺困難。我住蘇州數年，十分安
全，何幸如之。應知足，而為多數人謀利除害。

6月19日　星期四

天雨未出門。讀楚漢紛爭之歷史。

6月20日　星期五

天雨未出門。亞威午後來談。連日中央軍與馮軍在
隴海路復大戰。

6月21日　星期六

清晨佶子來談。午後偕佶子、亞威樂群沐浴。往看
影毫病，到直街看蘇歧六新購之住宅。

6月22日　星期日

上午到新園。下午到羅家。

6月23日　星期一

上午到新園。與梅佛菴點收購買舊長街沿石十五條
及磚瓦等，約計七百餘元。又到羅家。下午未出門。振

宗由滬學校放暑假來，與其談吳家過去之歷史。

6 月 24 日　星期二

上午到新園。下午未出門。今日天氣甚熱。

6 月 25 日　星期三

新園工作。張亞威家。午後帶馴兒到曾家，到凌家，自由農場吃點心，到大小公園遊覽。馴兒非常歡喜。

6 月 26 日　星期四

到新園點收街沿石，內有一條用十六人運來。偕梅佛菴、曾影毫到樂群沐浴。新園工人老張性情懶惰，本日令其下工。擬明日赴滬醫牙。

6 月 27 日　星期五

五時起身。乘上午七時二十分車，十時〇五分到滬，住一品香。三先生來接，隨至仁記路何安華醫生處，將右下邊板牙已壞之一部拔去。在一品香午飯。飯後武定路謝偉民來談，七時大中酒樓晚飯。往看王夫人。八時到陳光甫家閒談，十時回。

6 月 28 日　星期六

九時光甫來。十時到泰安里訪謝炎煊，出外未晤。午後段運凱來。五時到何醫生處。八時偕運凱、周夢蘭到兆豐公園惠爾康晚飯。擬明日回蘇州。

6月29日　星期日

上午七時到武定路。九時會諸姪、學生，告以做人
道理、讀書緊要等等。乘十二時三十分車，三時到蘇。
六時亞威、偕子、影毫來談。

6月30日　星期一

上午到新園，到羅家、蔣家。午後商議新園造屋
事。報載奉張電蔣，請前線停戰，由南北各派代表到瀋
陽會議。工人馬河韋本日上工。

7月1日　星期二

上午到新園。下午一時送惟仁到車站，伊乘二時車赴滬，蔣太太及偉國同行。三時樂群沐浴，四時至曾家商量新園造屋事。

7月2日　星期三

天雨未出門。

7月3日　星期四

上午到新園工作。午後影毫送新園客廳圖樣來，約佛菴來研究，大約陰六月十五日開工。

7月4日　星期五

上午新園整理樹木，影毫來修正客廳窗的圖樣。午後偕影毫到觀前汪瑞裕吃茶。光華大學來函，敬叔學業成績過于低劣，難期造就，應令退學等語，未免太不爭氣。我對他責任已盡，只得令其回家耕田。如此結果皆命運使然耳。

7月5日　星期六

清晨偕子。午後偕影毫到羅家，又至梅家看賈作頭開來新園起造客廳賬單，計三千七百元。物價較三年前約增三分之一，而社會經濟無進步，可不懼哉。

7月6日　星期日

六時赴閶門外新閶旅館晤陶子銘，與伊廿五年未見

面矣。伊生活困難，要求設法，故送川資三十元，另致函金佑洲，請其就近在皖代設法。道叔由滬來，伊在勞大高中畢業，因勞大停招新生，擬赴北京考中法大學。又與影毫、佛菴討論起造客廳賬單，決定不起東廊，四窗改兩扇窗。

7月7日　星期一

上午到新園。下午仍與佛菴、影毫商議造屋事。晉軍到濟南後即前進泰安，中央軍集中兗州，日間將開始大戰。隴海、平漢兩線雙方均暫取守勢，津浦線之勝負關係雙方甚巨也。

7月8日　星期二

上午到新園。下午未出門。新園造客屋三間，連大門至客屋走廊六、七丈，計包工洋二千九百元，較三年前物價約貴三分之一。七月十四開工（即古曆六月廿一），限兩月完成，至油漆、五金、玻璃不在包工之內。

7月9日　星期三

晨間蘇企六來。到新園，本日新園開後門，便于作工也。報載張桂軍由湘南退回廣西。

7月10日　星期四

上午到新園。午後到影毫家，同往觀前購零物。

7 月 11 日　星期五

到新園，因天氣熱（九十七度），午後未出門。偕子六時來談。

7 月 12 日　星期六

上午到新園。下午天熱未出門。

7 月 13 日　星期日

上午到新園，劃分客廳灰線。羅家午飯。午後未出門。

7 月 14 日　星期一

上午請蘇州人胡君看新園風水，據云池塘、廁所、大門，以及預定住宅、客屋、廚房等位置，均及適宜。因惟仁迷信，不得不請胡君一看也。是時影毫、佛菴、偕子、芝卿、肯蓀均到新園，同至羅家午飯。今日急風暴雨，午後未出門。

7 月 15 日　星期二

上午到上海銀行撥款二千元送交影毫，請伊陸續代付新園造屋之賈作頭。下午到羅家，昨夜颶風，樹木有被吹倒者。

7 月 16 日　星期三

到新園。今日開牆腳。午後到羅家。晉軍攻曲阜、兗州失利，退守泰安一帶。

7月17日　星期四

惟仁午車由滬回蘇。段運凱到新園，同到亞威家午飯。段午後回滬，伊將回天津。

7月18日　星期五

新園監工。

7月19日　星期六

新園監工。

7月20日　星期日

新園監工。約芝卿、亞威、佶子、影毫、佛菴自由農場午飯。韓伯母昨夜吐瀉，今日請對門龔醫診治。

7月21日　星期一

新園監工。

7月22日　星期二

新園工作。介兄來電，約赴隴海行營見面。為個人感情不得不前往一晤，擬今夜車先赴南京。夜九時偕梅光痩出城到車站，一時開車，車中同房係上海市黨部執委楊清源，係上海人，約卅左右歲。

7月23日　星期三

上午九時到下關，進城住中央飯店，訪戴季陶談時局，余主張同志大團結、和平統一。午後一時訪陳果

夫，戴派張副官送我往前方。三時過江到浦口購車票，六時半開車，車中遇張海洲、汪筱侯。張係到泗縣做知事，汪到蚌埠做公安局長。又遇徐瑞霖，伊係往前方見蔣。

7 月 24 日　星期四

上午九時到徐州，住大金台旅館。往前方車甚少，座位尤難覓。聞碭山附近鐵路于昨夜被便衣隊破壞數里。夜十一時運輸處來函，有空車西開，須卅分鐘內趕到車站，至則係敞車，又將天雨，種種困難，萬無坐此車前往之理，只得仍回旅館。

7 月 25 日　星期五

七時到車站，而西行客車坐位已滿，無立足地，兵民混合，紛亂非常，我亦只隨此車西行。午後四時到歸德，在車中九小時，小便均不得自由，早午飯亦均未得食，天氣炎熱，汗味難受。隨時晤介兄，談談閒話，我告他人民不喜戰爭。八時晚飯，九時至介兄臥車住宿，有浴室等，十分完備，較在車中有天壤之別也。

7 月 26 日　星期六

早起晤徐瑞霖、劉紀文、楊耿光、邵力子、周復海諸要人，到介兄處午飯，有李抱冰、楊勝治二師長在坐。七時至介兄處晚飯，九時回。今日稍有感冒，擬明往徐州，回蘇州。

7月27日　星期日

　　上午八時訪介兄辭行，九時訪邵力子，十二時偕劉紀文在營列車公共飯堂午飯。十二時半開車，係單掛一車在楊勝治之軍車上，頗為適宜。有邵力子友人沈立忱、沈辛五附乘我車。午後六時半到徐州，住大金台旅館，待車南歸。

7月28日　星期一

　　午後二時半上車，係普通客車，由運輸代定房間，二時開車。

7月29日　星期二

　　上午四時到浦口，四時半過江住第一賓館，致函戴季陶、陳果夫不克進城晤談，趕上午七時四十分車回蘇，下午二時半到蘇，四時到新園看工。此次晤蔣接談甚歡，個人感情極佳，對于國事未敢參與也。前方戰士困苦萬分，我只能在蘇當太平百姓，誠不易也。

7月30日　星期三

　　到蔣家，到新園，看顏芝卿病。午後到曾家，同到蘇家，又到新園。長沙為赤軍佔領，人民生命財產損失頗巨，南昌形勢亦危急。

7月31日　星期四

　　新園工作。午後偕亞威樂群沐浴。自由農場晚飯。

8 月 1 日　星期五

新園工作。

8 月 2 日　星期六

新園工作。津浦線將開始大戰。

8 月 3 日　星期日

新園工作。羅家午飯，遇蘇崑山。午後偕佶子到曾家。

8 月 4 日　星期一

新園工作。午後三先生來蘇。晚車回滬。

8 月 5 日　星期二

新園工作。午後四時至護龍街金龍照相館放大照片。陳光甫由滬，留晚飯，同到閶門外鐵路飯店住宿。

8 月 6 日　星期三

六時起身，送陳到車站，伊趕八時廿分車回滬。新園工作。

8 月 7 日　星期四

新園工作。

8 月 8 日　星期五

新園工作。連日中央軍在津浦路取攻勢，聯軍在隴

海路取攻勢，正在激戰中。

8月9日　星期六

新園工作。到蔣家研究偉國讀書事。

8月10日　星期日

新園工作。偕偌子到蔣家研究偉國讀書事。新園今日開工，起造大門至客屋走廊。

8月11日　星期一

新園工作。午後到羅家。

8月12日　星期二

新園工作。上午九時曾開。午張亞威、何肯蓀、徐季奭先後到新園。十二時蔣家午飯。

8月13日　星期三

新園工作。午後到曾家，到蘇企六家。

8月14日　星期四

新園工作。報載中央軍在膠濟、津浦兩路均有進步，晉軍向濟南方面退卻。同時在隴海線馮軍向中央軍返攻，聞已佔馬牧，進歸德一帶。果爾，于中央軍主力在津浦之作戰大有阻礙也。

8 月 15 日　星期五

新園工作。

8 月 16 日　星期六

新園工作。做客屋西南面走廊。中央軍在津浦線大勝，佔領濟南，晉軍退河北，因時間來不及，損失頗巨。

8 月 17 日　星期日

新園工作。

8 月 18 日　星期一

新園工作。午後偕佛菴到安徽會館。四時三先生與張廷才由滬來。

8 月 19 日　星期二

新園工作。午後三先生回滬，張廷才回南京。會館經理吳先生來新園，由會館假來板對聯一付，掛新園客屋，因該屋中柱不正之故也。偌子晚間來談。

8 月 20 日　星期三

新園工作。影毫陪李建時看闊家頭巷老宅，因有湘人何君擬買住宅，並遊覽新園。偕影毫到羅家午飯。

8 月 21 日　星期四

新園工作。羅家午飯。午後大風雨。

8月22日　星期五

新園工作。午後偕佛菴、影毫到新園，又到觀前買
零星物件，到樂群沐浴。

8月23日　星期六

新園工作。午後偕皓子、佛菴到影毫家，商議油漆
新起客屋。本日新園客房水木作完工。

8月24日　星期日

新園工作。門房至客屋走廊樹架原擬直角，後皓子
主張改曲線。雖較便利，費工多多矣。

8月25日　星期一

新園工作。

8月26日　星期二

新園工作。

8月27日　星期三

新園工作。到觀前購零星物件。中央飛機到平津擲
炸彈開機槍，人心大為不安也。

8月28日　星期四

新園工作。緯國昨日赴前方，介兄今日來電，囑其
在南京候電再前往，午後又來電囑其勿去，並云即有戰
事。由此可見時局十分不定也。

8 月 29 日　星期五

　　新園工作。王靖侯兄嫂夫人今日五十大慶，請我全家午飯。靖兄三個夫人，靖嫂心素不悅，而近日又大病，何不幸乃爾。午後李用賓特由安慶來看我，我與伊素無關係，乃二年前由劉叔雅介紹認識，既遠道而來，應當招待。

8 月 30 日　星期六

　　新園工作。上午八時出城到花園飯店，偕李用賓遊覽虎丘、西園，在惟盈旅館午飯。一時進城，樂群沐浴。報載奉軍進關。亞威來談，並晚飯。馴兒昨日入景海附設幼稚園。

8 月 31 日　星期日

　　新園工作。門房至客房走廊今日落成。何亞農請吃午飯，飯後余肚大痛大瀉，約二小時後即愈。凌毅然來談，偌子、影毫、佛安、何小泉來談，並留晚飯。

9月1日　星期一

新園工作。

9月2日　星期二

新園工作。高季堂由滬來，午後偕高遊觀前，汪瑞裕茶棧吃茶，樂群沐浴，留高住宿。晚八時冷禦秋由鎮來，十一時仍回旅館住宿。

9月3日　星期三

天雨未出門。

9月4日　星期四

上午到新園。下午到曾家，商議造園樓房，再偕佛菴、影毫到凌毅然、蘇企六家，晚間亞威來談，並留晚飯。

9月5日　星期五

上午到新園。何亞龍來談。午後天雨。

9月6日　星期六

新園工作。連日國軍與紅軍在長沙附近激戰，紅軍敗退。

9月7日　星期日

新園工作。走廊及後門今日完工。午後到曾家，商議起樓房。到南園回看彭夢菴。

9 月 8 日　星期一

上午到新園。下午凌毅然介紹葉紀元（號再鳴）。偕何老太太等來看房屋，因此住宅決定出售也。

9 月 9 日　星期二

上午到凌毅然家商議賣屋事宜。本日與造新園客屋及走廊之水木結賬，約三千三百元，連五金、玻璃、油漆，共約三千七百元。在五年前二千元可成，物價之貴可想矣。

9 月 10 日　星期三

上午到新園。回看謝炎煊，往訪杜錦齋，因伊擬來訪我，故先訪彼也。同在謝炎煊家午飯，飯後再到新園，到梅家。

9 月 11 日　星期四

到新園。到影毫家，同去北局看毅然新起市房。樂群沐浴，與影毫商議新園起樓房。因賈在富才能太缺，既無一作場，又無幫手，此樓擬用徐高生建築。

9 月 12 日　星期五

到新園。

9 月 13 日　星期六

到新園，在羅家午飯，偕佶子到樂群沐浴。伍伯谷先生由滬來，係蔣家請伊教偉國書。伊下榻余家，每禮

拜六、禮拜日擔任教授國文。

9月14日　星期日

上午到新園，到羅家、蔣家。請伍先生午飯，余夫婦及偕子夫婦、影毫、芝卿等作陪。午後二時到滾繡坊李家參觀新起房屋。

9月15日　星期一

偕伍先生到羅家，到張亞威家，到新園。午後偕影毫到觀前，汪瑞裕樓上吃茶。亞威夫婦來看伯谷。

9月16日　星期二

到新園。

9月17日　星期三

到新園。到亞威家。

9月18日　星期四

到新園。到影毫家商議起造樓房。看何肯蓀病。

9月19日　星期五

到新園。張學良通電主和，一切聽候中央解決。閻錫山有通電下野之說，平浦路晉軍退集石家莊。

9月20日　星期六

到新園。午後謝炎煊偕杜錦齋來回看。炎煊、企

六、偉子、惟仁竹敘，我與影毫偕錦齋遊覽羅園。奉軍
動員，將進關入住平津。

9 月 21 日　星期日

到新園致函介石，告以伍伯谷先生已開始教授緯國
國文。午後朱子謙先生介紹吳君來看余住宅，吳擬購
買，朱派金君與其同來。

9 月 22 日　星期一

請伍先生說唯識論，影毫、亞龍均在聽講。午後到
新園，到羅家。奉軍入住平津。

9 月 23 日　星期二

上午伍先生講經。下午到新園。

9 月 24 日　星期三

上午伍先生講經。下午到新園，偕伯谷、影毫到清
泉沐浴。奉張通電，主張和平，而南京復電，主張馮、
閻下野方可言和平。如此不免意見相左也。

9 月 25 日　星期四

到新園。伍先生說佛。亞威晚間來談。

9 月 26 日　星期五

伍先生說佛。下午到曾家，到觀前。

9月27日　星期六

到羅家。季堂由滬來，飯後偕往亞威家。蘇企六午後四時請吃酒，有借子、亞威及其同鄉吳君等。季堂乘午後三時往南京。

9月28日　星期日

清晨到新園，接受徐高生作頭營造新園樓房、廚房、下房，成單計包價樓房洋七千元，廚房、下房二千三百元，油漆、五金、玻璃除外，限三個月完成。而營造客房之作頭賈在富以未能包此項工程，對徐大為不滿，散佈徐種種流言。伊之才能只可免強營造平房，所有數年經手各處工程，多係影毫介紹，彼對其亦不滿，其愚真不可及也。

9月29日　星期一

清晨伍先生說佛。後與影毫、佛安研究樓房窗門。何亞龍來看伍先生，留午飯。午後到新園。亞威來談，並留晚飯。

9月30日　星期二

清晨說佛。午後偕影毫、佛菴到新園劃線動土。

10月1日　星期三

清晨伍先生說佛。八時介兄來電約我與緯國往前方。午後四時由蔣家起程，趕四時五十分車，夜十時到南京，住東南飯店。電話津浦路局長孫鶴皋備車，擬明日午後六時快車往徐。

10月2日　星期四

六時起身。江邊及中山路散步。午後三時孫鶴皋局長來談，五時偕孫過江，六時半開車。我與緯國另掛一車，附掛特別快車，有廚房等等。遇殷亦農與日人佃信夫，亦係往晤蔣的。車務處長余垿來車招待。

10月3日　星期五

上午六時半到徐州換車頭，七時開車，十二時到歸德，下午二時半到柳河與蔣先生見面，移住蔣車。四時開車，七時到南北兩軍必爭之蘭封城，沿途戰跡甚多，或係破壞之家屋，或深溝高壘，兩軍血戰五月，死傷數十萬，誠空前未有之大戰，未有之浩劫也。追念當時情景，能不令人傷感乎。尤可痛者，飛機炸彈死傷百姓亦多。晚在介兄晤陳雪軒。

10月4日　星期六

上午八時偕介兄、緯國入蘭封城遊覽，參觀避飛機之地洞。九時回車，晤馬福祥、邵力子、葉開鑫。回看馬，遇張之江。十二時開車，二時半到開封，聞馮軍退過中牟，鄭州指日可下。

10月5日　星期日

住居車中飯食及臥室均佳，惟天氣乾燥，頗欠舒適，但早晚甚涼，而前方作戰軍士尚衣單服，因交通不便，往往接濟不及，真辛苦矣。若與江南相比，實有天壤之別也。午後五時與介兄同到中牟縣視察，隨回開封。馮軍現守鄭州附近之白沙，中央軍今夜開始攻擊。

10月6日　星期一

介兄在禹王台請吃午飯，飯後與介兄及緯國遊龍亭、鐵塔，並參謁古銅佛，相傳塔與佛係六朝建築，龍亭係宋太祖時建築。今日係八月十五，又係緯國十五歲生日，晚間介兄又在禹王台請賞月，有馬福祥、張之江在坐。

10月7日　星期二

昨夜克復鄭州，馮軍損失頗巨，吉鴻昌、梁冠英所部六萬人受改編，張維璽所部數萬在新鄭被圍繳械。午後七時隨介兄到鄭州，晉軍尚有兩師在鐵橋南口不及退走，仍在包圍中，軍事當可告一段落。余迭次向介兄進言，修明政治，使百姓安居樂業。

10月8日　星期三

上午馬福祥、張之江、郝夢齡帶領馮部改編將領梁冠英謁見介兄，我亦在坐。梁君頭腦清楚。晚介兄各將領晚餐，我作陪。馮軍此次損失約全部四分之三。

10 月 9 日　星期四

午後一時偕介兄及緯國由鄭州乘飛機回南，四時半抵南京。到軍官學校休息，隨介兄弔譚組菴喪。到戴季陶家晚飯，遇胡展堂、古應芬。十一時偕緯國乘夜車返蘇。

10 月 10 日　星期五

晨五時到蘇州，七時到羅家、到新園。陳光甫日前到蘇，偌子約其午飯，我與影毫、亞龍、伯谷作陪。王德均由滬來，云王揖堂約我赴津。因不知內情，未便前往。王隨即返滬。

10 月 11 日　星期六

上午八時偕惟仁並帶馴兒回看陳光甫兄夫婦，今日惟仁過生，辦素菜兩席，約偌子、影毫等夫婦及怡誠等。慎之由合肥來，為知事。葉翠玉請我皖省府說項免調。三先生由滬來。

10 月 12 日　星期日

清晨到閶門看慎之。季陶到蘇，與其在蔣家午飯，飯後伊返滬。三先生與謝逴民到蘇，午後回滬。

10 月 13 日　星期一

新園工作。樓房牆腳三合土工程完畢。

10月14日　星期二
新園工作。午後回看謝炎煊。

10月15日　星期三
新園工作。

10月16日　星期四
新園工作。蔣太太與羅先生均今日過壽，上午到蔣家拜壽，十二時到羅家午飯。

10月17日　星期五
新園工作。

10月18日　星期六
新園工作。午後偕影毫清泉沐浴。

10月19日　星期日
新園工作，樓房立柱。午後到張亞威家，適陳仲孚夫婦由甯來蘇，下榻張家。

10月20日　星期一
清晨伍先生說佛。陳仲孚偕亞威來談。上午拾時樓房上樑。亞威請吃午飯。

10月21日　星期二
新園工作。正午十二時在錢萬年橋惟盈旅館請陳仲

孚夫婦午飯，亞威作陪。清泉沐浴。小二爺由甯來料理
經手凌毅然債務。

10 月 22 日　星期三

新園工作。午後天雨工人停止工作。中央軍雖戰勝
閻、馮，但財政困難，達于極點，每月軍政費須三千萬
元，收入不過千元餘元，不敷太巨，而人民又貧困異
常，前途真不堪設想，奈何。

10 月 23 日　星期四

天雨新園停止工作。邵力子由甯來，午後赴滬。

10 月 24 日　星期五

天陰新園仍停止工作。

10 月 25 日　星期六

新園造屋款項不敷，故乘上午七時廿分車赴滬。到
上海銀行借到五千元，到朱家午飯，到謝偉民家，適謝
來蘇，彼此相左。到武定路一百〇一號。趕午後二時
四十五分車回蘇。

10 月 26 日　星期日

新園工作。

10 月 27 日　星期一

天雨新園停工。謝韙民來談，午後車仍回滬。孫鴻

哲到羅家，由影毫陪伊到盤門看凌毅然市房。新園工人
馬和偉午後七時被盜行李，衣服均失去。

10月28日　星期二

　　新園工作因小雨，工人停工。午後偕伯谷到觀前汪
裕泰樓上吃茶。

10月29日　星期三

　　本日天陰。新園停工半日。林德卿由滬來，伊擬返
福建原籍，因久住上海經濟困難，不克維持之故耳。

10月30日　星期四

　　天陰停工。亞威晚間來談。中央楊虎臣軍佔西安，
馮軍向北部退走。

10月31日　星期五

　　新園工作，午後三時天雨，仍停工。

11 月 1 日　星期六
　　大風小雨停工。午前偕佸子到影毫家，並訪蘇宗轍。午後偕佸子、影毫清泉沐浴。

11 月 2 日　星期日
　　新園工作。在佸子家午飯。竺芝珊購新屋（在十梓街），昨日入宅，今日請吃晚飯。小二爺由南京來。

11 月 3 日　星期一
　　新園工作。小二爺午後赴滬。

11 月 4 日　星期二
　　新園工作。矗民、叔傑由滬來蘇，午後仍回滬。

11 月 5 日　星期三
　　清晨凌毅然來，因伊太夫人八十大慶，託代向介兄徵文。蘇企六、謝炎煊到新園，偕蘇到清泉沐浴。小二爺來蘇。

11 月 6 日　星期四
　　季堂由滬來談辦礦事。午後赴京轉蕪湖。小二爺午後赴滬。

11 月 7 日　星期五
　　午前陰雨停工一日。午後回看謝炎煊。到曾家，到鄒家花園看樹。

11月8日　星期六

天雨停工。在倍子家午飯，飯後同到清泉沐浴。閻錫山通電下野。

11月9日　星期日

天雨停工。

11月10日　星期一

新園工作。

11月11日　星期二

新園工作。放大客廳前花台。

11月12日　星期三

新園工作。亞威請吃午飯，有何亞龍叔姪及張矯臣在坐。清泉沐浴，遇陸福廷。自由農場晚飯。張學良到京，本日開三次代表大會之四中全會，現正戰事告終，但各方和衷共濟，實國家前途之幸也。

11月13日　星期四

新園工作。上午陸福廷來參觀新園造屋，並談及為人受過而入獄，昨年冬出獄，後又是非橫生，不得已赴日本居住。日前回蘇，決計閉戶讀書云云。

11月14日　星期五

新園工作。上午偕惟仁、馴兒往訪竺太太。午後到

曾園。伍先生由滬來。

11 月 15 日　星期六

　　新園工作。移種路邊桂樹、白丁香、西湖柳、石榴等。偕亞威、皓子、伯谷到自由農場晚飯。四中全會通過民國二十年五月五日開國民會議。

11 月 16 日　星期日

　　新園工作。何亞龍請吃午飯。杜錦齋參觀新園。偕皓子、伯谷到亞威園遊覽。種塘邊菩提樹。

11 月 17 日　星期一

　　新園工作。偕皓子至曾園，至鄒園買楓樹。回請何亞龍在自由農場午飯，並請杜錦齋等。

11 月 18 日　星期二

　　新園工作。由老宅移貝種元柏五株種新園東廳前花台上，又由間壁黃園移種法國梧桐二株，又種楓樹二株，又種紫丁香一株、多形松二株。

11 月 19 日　星期三

　　回拜陸福廷、張矯臣、吳承齋。午後偕影毫、伯谷、佛菴清泉沐浴。杜錦齋請吃夜飯，有亞龍、伯谷等在坐。

11月20日　星期四

新園工作。

11月21日　星期五

乘上午八時卅分車赴滬，因作夜在安亭、黃渡之間鐵路為匪人破壞，至此須下車步行一里換車。午後三時到滬，至上海銀行晤楊敦甫，到武定路晚飯。偕魯書往訪謝韙民、謝叔傑，又至雙鳳園沐浴。晚住一品香。陳光甫、楊敦甫、高際唐先後來談。

11月22日　星期六

乘七時○五分車，九時廿三分到蘇州。到新園，到佶子家午飯。飯後偕佶子、影毫、佛菴到南園蔣宅，計劃開塘。

11月23日　星期日

新園工作。上午十時杜錦齋、姚味莘、陸福廷、陳子英到新園參觀，並陪彼等遊覽羅園。張叔怡由通州來，並送佛畫。

11月24日　星期一

新園工作。何肯蓀在自由農場請吃午飯。午後到清泉沐浴。高季堂午後六時到蘇，趕夜車回蕪。

11月25日　星期二

新園工作。偕影毫到蔣宅，代決定開荷池價目。

11 月 26 日　星期三

新園工作。擬明日赴滬，為陳雪軒太夫人祝壽。

11 月 27 日　星期四

上午新園工作。黃衡秋、張華南、彭默菴來參觀新園，並陪遊羅園。與黃不見面久矣，今日忽來，除為可怪。下午二時車赴滬，住一品香，亞威亦住此處。車中遇何亞龍。晚間謝避民兄弟來談，段運開由津來，約其在會賓樓晚飯。又高季堂來談。

11 月 28 日　星期五

九時偕亞威到陳宅祝壽，遇吳慈蓀、劉亮章等。亞威約在會賓樓午飯。午後四時車赴杭，九時十五分到，住新新旅館。十時沐浴就寢。

11 月 29 日　星期六

上午九時訪張靜江，適彼與張溥泉擬遊天台山，約我同行。我以機會難逢，故允去。午後出發，一時渡錢塘江，看輕便鐵道路基，隨坐汽車經過蕭山及沈定一先生遇難地方記念塔，又經過所謂山陰道山。四時到紹興，遊東湖，住宿錫箔稅公所。晚遊街市，並參觀布業公所。

11 月 30 日　星期日

上午八時由紹興汽車出發，九時到曹鵝江之高保上民船，順風而天雨。午後一時半過張家渡，七時四十分

到杉樹潭，即坐汽車到嵊縣晚飯。九車汽車出發，九時半到新昌縣大佛寺住宿，該寺石佛高約十丈，相傳晉代建設。又船過剡溪，兩岸風景甚佳，即雪夜訪戴之剡溪。

12月1日　星期一

清晨再謁石佛，九時出發，順觀新昌縣千佛巖。午後三時到離新昌五十五里會墅嶺之太平庵。四時聽該庵僧人做晚課，是晚宿該庵。

12月2日　星期二

上午七時出發十五里至地藏庵，又通過尼姑嶺高地（十五里）至清涼寺，十二時至萬年寺午飯。該寺係諦閒法師常住之所，四圍風景甚佳，房屋規模亦頗宏大。午後一時半出發，三時至方廣寺石樑瀑布，誠大觀也。是晚即宿該寺。

12月3日　星期三

七時出發，十五里（八時半）到華頂寺，四面環山，林木參天，風景極佳，惟惜寺屋被焚，尚未興修。又四里到拜經台，該處乃天台山之極峰也。十時到藥師庵午飯。十一時半出發，行卅里到真覺寺，乃智者大師真身所在之塔院也。三時到高明寺，乃智者大師講經之所，有大師遺傳貝葉經及衣鉢等。過金雞嶺高地，五時至國清寺。

12月4日　星期四

國清寺乃天台山第一大寺，規模宏大，氣象莊嚴，可住僧眾五百人，現只百人耳。上午三時半到大殿，隨眾僧拜佛，並捐洋五十元，與眾僧接緣。六時至該寺念佛堂及觀音堂進香，及寒山、拾得、丰干三大僧殿進

香。八時出發，滿天大雨，十一時半至白鶴殿，飛泉小學午飯（計卅里）。十二時半出發，四時半到太平庵住宿，計四十里。隨至大殿拜佛。

12月5日　星期五

上午八時出發，十一時半到新昌。二時由新昌乘汽車，三時到嵊縣，住芷江醫院。此次同遊天台山尚有靜江之夫人及隨員、公路局長吳足之、電氣局長潘銘新、團長吳云生、謝任難、營長蔣伯範。

12月6日　星期六

上午七時由嵊縣坐汽車，七時半到杉樹潭。七時五十分開船（用汽油船拖帶），十二時到高壩，十二時半乘汽車，下午二時到錢塘江邊（計一百七十里）。過江至靜江家休息，偕溥泉三星池沐浴，同趕六時車赴滬，十時四十分到滬，住一品香。

12月7日　星期日

清晨晤溥泉，後到武定路晤魯書、叔人，商議伊等出路。趕午十二時半車，三時到蘇。偖子來談。

12月8日　星期一

天雨新園停工。在羅家午飯。影毫夫婦午後來。

12月9日　星期二

新園工作。上午到凌毅然家為伊老太太補祝八旬大

慶，七日係其正日，因未趕回也。

12 月 10 日　星期三

　　新園工作。何亞龍偕王徵來新園參觀，約其在自由
農場晚飯，並有何之友人呂眾勉先生，君係安徽皖南
人。上海司令熊式輝乘飛機墮落，受重傷。

12 月 11 日　星期四

　　新園工作。

12 月 12 日　星期五

　　新園工作。王徵在何亞龍家請吃午飯。

12 月 13 日　星期六

　　新園工作。清晨到凌毅然家告以余立奎為昨年皖南
變兵事。我因在野不聞政治，未便向當道進言，或可間
接幫忙。偕影毫到閶門外看湖石。

12 月 14 日　星期日

　　新園工作。介石來電約緯國到漢口見面，隨復電告
以考試已畢，二十日放年假。故人吳父甫之世兄樹凡及
其弟學圃偕會館經理吳先生到新園見面。

12 月 15 日　星期一

　　新園工作。羅家午飯。午後偕影毫丈量蔣家塘工土
方。樂群沐浴。

12月16日　星期二

新園工作。孫良翰上午來新園晤談，與彼自西南分手不見面已多矣，伊現亦寓蘇州。

12月17日　星期三

天雨，新園停工一日。午後回看孫良翰、吳學甫、吳少甫。

12月18日　星期四

新園工作。擴大廳前花台。

12月19日　星期五

新園工作。蔣家午飯。高季堂由京來談礦事。

12月20日　星期六

新園停工一日。午後偕羅先生到影毫家，同赴樂群沐浴，遇何亞龍。偕羅、曾二君自由農場晚飯。

12月21日　星期日

天雨。上午到梅家談新房油漆。到新園。午後偕影毫到閶門外潤餘五金店看新屋用五金，到來得看電燈。季堂由滬來，託致函陳雪軒轉向實業部說項維持礦務監督之位置，伊夜車入京。

12月22日　星期一

到蔣家告以介石將回京，緯國擬往漢口見面之電，

可以勿發。蔣家午飯。午後吳承齋到新園。鄰園來植
樹。天氣甚寒。馴兒今日滿四歲。

12 月 23 日　星期二

　　新園工作。起走廊東西牡丹台，植東南牆邊柏樹。
蔣家午飯。午後觀蔣園植樹。閻百川由天津起程赴連，
有出洋之說。

12 月 24 日　星期三

　　新園工作。駐德公使館隨員陳柱一君由滬來蘇，余
昨年在柏林諸承伊招待，伊身體強健，頗有相當知識，
約伊在自由農午飯。飯後伊赴南京，余樂群沐浴。

12 月 25 日　星期四

　　新園工作。老同學謝高元偕其子來蘇看我，留午
飯。飯後到新園搬種羅園羅漢松于東廳前。謝君與余于
清光緒廿九年學校分手後，迄今念八年矣。日月如梭而
學問無進步，殊增感嘆。

12 月 26 日　星期五

　　新園工作。種牡丹。移植伍園五葉松于東廳花台上。

12 月 27 日　星期六

　　新園工作。偕偌子、影毫、佛菴樂群沐浴。介石派
人約我與緯國赴南京，擬明日上午特別快車前往。

12月28日　星期日

清晨到新園。十時由蔣家偕緯國赴南京，至閶門車站即買車票。忽介石派人來會，令緯國暫緩前往，故將車票退還。隨偕緯國遊留園，至錢萬年橋惟盈旅館午飯。飯後遊北寺塔，登塔之第九級，覽蘇城全景。

12月29日　星期一

新園工作。植南牆下柏樹。

12月30日　星期二

新園工作。

12月31日　星期三

天雨未出門，在家看書。本年除有數次短時間出外，餘均在蘇整理園林、建築住宅，精神安適，身體健康，此皆不聞理亂之所得也。但連年用兵，土匪未清，社會上大多數人之困苦不堪言狀，雖我一人及一家生活平安，其如多數人之困苦何清。夜自思，殊令我萬分慚愧。惟有感謝上帝，待機為眾人謀利益也。

人名錄

呂煥章（號昆玉），湖北廣濟人，南京戶部街八號。

葉競秋，上海康老脫路一千五百十一號。

于右任，戈登路五和里六一五。

張亞威，南京易家橋十號，電五三三。

陳立夫，南京大石橋寧安里十三號。

蔣富壽，南京明瓦廊十一號。

陳果夫，南京螺螄轉灣四十七號。

希昭，大中橋小門口廿三號。

廷才，南京三牌樓將軍廟對門十二號後進。

力子，上海太平橋三益里五號。

陳強，上海巨籟達路大豐里九號。

岳軍，上海呂班路五十九。

鷹白，上海亞爾培路 204 號。

易培基，江灣電話北三九六九。

武昌亞新地學社分售處，上海東華里，武昌橫街頭。

吳承齋，蘇待其巷七十四號。

貝哉安，西花巷四十七號，電七六〇，花橋巷。

徐象樞（號景薇），蘇州人，住十梓街一百六十五號。

石醉六，南京雙石鼓七十五號。

石曾，福開森路世界學社。

張溥泉，南京頭條巷三十三號吳宅，又北平後門慈慧殿一號。

孫良翰，蘇州鼎康里四號。

吳學甫，蘇州書院巷廿九號，在護龍街南口。

伯谷，同濟路同濟里三十二號。

力子禮卿，79086。

明密，7309。

台密，12345。

報字，1032。

1931 年（民國 20 年）　48 歲

1 月 1 日　星期四

今日元旦，適逢曾影毫兄五旬大慶，余全家前往慶祝，即在伊家午飯。國民政府公布國民會議代表選舉法及政治犯大赦條例，果能切實奉行，再能上下開誠心佈公道，前途大可樂觀也。

1 月 2 日　星期五

新園工作。梅家小姐過廿歲，請余全家午飯。午後偕佶子到南園蔣家看假山。張亞威由安慶回蘇，晚間來談，並留晚飯。

1 月 3 日　星期六

新園工作。上午偕緯國及伊之表兄竺佩鳳遊虎丘，惟盈旅館午飯，飯後乘馬車到西門過河，仍回新園。晚八時高季堂來談，伊鐵礦監督位置有人圖謀，囑設法維持，吃飯之難于斯可見。

1 月 4 日　星期日

到新園，天雨停工。午後偕佛菴到護龍街看舊木器，多係富室衰敗之物也。又到國貨展覽會參觀，雖是國貨，種類無幾也。

1 月 5 日　星期一

新園開工建築柴屋三間。午後到蔣園看築假山。偕

影毫、佛菴樂群沐浴。柴屋工料計洋四百元正。

1月6日　星期二

新園工作，惟天雨停止築水門汀路，規定按電燈。擬明日赴上海看看靜江。

1月7日　星期三

新園工作。上午到蔣園送有風頭湖石二塊。午後三時車赴滬，住一品香，武定路一百〇一號晚飯。往訪靜江，適伊日前赴杭。又往訪朱子謙、謝偉民。又曹湘恆來談王揖堂南下事，告以個人十二分歡迎，關于政治未便與問。又高季堂來談。

1月8日　星期四

九時到福祿壽吃點心，到先施公司遊覽。十一時楊敦甫兄到一品香見面。十二時往訪伍百谷。到武定路午飯。乘二時四十五分車回蘇州，三先生與薛傑送我到車站。

1月9日　星期五

曹湘恆來談，留午飯，飯後偕其參觀新園及羅園。落雪天寒。

1月10日　星期六

昨夜大寒，室內寒暑表廿五度，室外十四度。今日西北風甚巨，電報、鐵路因此誤時。上午十一時訪曹湘

恆，約其在惟盈午飯。飯後樂群沐浴，遇何亞龍、張亞威，何約晚飯。

1 月 11 日　星期日

昨夜天寒至〇度下，滴水成冰，為余到蘇州十年來未有之奇冷。天津凍斃死數十人。上午偕緯國、翁、姚兩學生到南園及曾園觀雪景，自由農場午飯。三先生由滬來，天寒河凍，小火輪停開，火車汽管爆裂。

1 月 12 日　星期一

天氣仍寒。偕影毫到南園參觀蔣家假山。張亞威來談，留晚飯。三先生午後回滬。

1 月 13 日　星期二

清晨安徽大學教授丁競人來，伊明日與孫勉臣女士接婚，請余證婚。到新園，連日天寒，新做水門汀均凍壞。今日稍溫和，河冰未開，小輪仍不能開駛。日本大雪天寒。

1 月 14 日　星期三

上午到新園。午後三時丁競人與孫慧方在新蘇飯店行接婚禮，余證婚，張亞威、李和甫介紹，丁梓材、孫多鋆主婚，孫未到，孫景西代，禮節甚整齊。競人係合肥人，美國留學，卅八歲，現安徽大學教授。慧方係壽縣孫相國之後，年廿八、九歲。兩人性情和平，誠佳偶也。

1月15日　星期四

新園工作。打假山石腳下三合土。天氣轉和暖。吳承齋到新園。

1月16日　星期五

新園工作。午後偕佛安、影毫到盤門外裕棠橋看石頭，計湖石五十、底石卅，價洋一百元，內有八人抬四塊，其風頭甚多，價甚廉也。伍伯谷兄午後由滬到蘇，仍下榻余家教緯國漢文。

1月17日　星期六

新園開工造假山。午飯張叔怡來，並留晚飯。飯後伊與張亞威、羅佶子及惟仁四人竹戰。

1月18日　星期日

新園工作。天氣和暖。

1月19日　星期一

新園工作。午後偕佶子、影毫佛群沐浴。

1月20日　星期二

新園工作。清晨七時王先奎由南京來，請我介紹工作。告以現下野，不與政界往來，無法幫忙，並勸伊要謀自食其力，全憑八行書不足持也。何亞龍晚間來談，並留晚飯。

1 月 21 日　星期三

天雨，新園停工。湘鄂贛赤軍猖獗，國軍三月來無進步，師長張恢贊陣亡。

1 月 22 日　星期四

天雨，到新園。

1 月 23 日　星期五

新園工作。房東水門汀因建築時未將泥土除去，致天凍後發見多數麻洞，工人太不留心。二先生由滬送行李來蘇。

1 月 24 日　星期六

新園工作。午後偕偌子、亞威、影毫、佛菴樂群沐浴，自由農場晚飯。午前偕惟仁到蔣園看圓棹，又到竺家。二先生回滬。

1 月 25 日　星期日

天雨。顏芝卿先生請吃午飯，有亞威、偌子、亞龍、緯國、佛菴、影毫在坐。近日傷風。桂派黃紹雄到京，接洽廣西和平。

1 月 26 日　星期一

天寒落雪，傷風未愈。

1月27日　星期二

雪後天晴。因感冒未愈，兩日未出門矣。張亞威及影毫午後來談，伍伯谷兄上午到曾園踏雪，我以感冒未能往，殊以為憾。政府派戴季陶為國民會議選舉總事務所主任，時局轉機與否在此一舉。

1月28日　星期三

傷風仍未愈，精神非常疲困。上午顏芝卿來看我。

1月29日　星期四

天晴，新園工作。

1月30日　星期五

新園工作。午後亞威、影毫、偕子來談，並留晚飯。偕影毫到蔣家，接算池塘賬目。

1月31日　星期六

上午到新園。下午偕偕子等樂群沐浴，自由農場晚飯。叔仁因衛立煌處無事可辦，仍回上海。伊兄弟隨余多年，而生活問題尚未解決，殊使我心中十分不安。

2 月 1 日　星期日

新園工作。

2 月 2 日　星期一

新園工作，新屋木匠完工。

2 月 3 日　星期二

新園工作。午後偕影毫、顏芝卿觀看吳縣考棚。該考棚左有雙塔寺，右定慧寺，而地形南北太長，東西太短，現擬出售，要價洋二萬元。偕影毫到樂群沐浴，擬明日赴申晤靜江。

2 月 4 日　星期三

天雨，新園房屋瓦木完工。午後三時十二分赴滬，到武定路晚飯，仍住一品香。八時往馬斯南路九十八號訪張靜江先生，九時訪謝躄民兄。據說桂派反對黃紹雄，現白、張已開始黃部交戰矣，如此桂省和平又生支節。

2 月 5 日　星期四

乘上午九時車，十一時十五分到蘇，午後到新園，因天雨不能作工。新屋雖成，而經濟非常困窘，決將舊宅出售。本日吳劭甫、吳學圃介紹劉和鼎父親養卿來看此屋，有承受意。擬明日約其在自由場晚飯。

2月6日　星期五

午後吳劭甫、吳學圃、劉養卿到新園參觀，約伊等在自由農場晚飯。飯後同到吳學圃談心，十一時回。

2月7日　星期六

上午十時到安徽會館談買屋價格，決一萬七千元，不出中用。午後偕佶子樂群沐浴。中央政府發表為導淮委員會委員兼常務委員，淮河連年水患，人民痛苦不堪，余決定就職，盡心辦理。

2月8日　星期日

偕佶子到影毫家。午後楊嘯天、陸麟伯來參觀新園，並陪同遊羅園。

2月9日　星期一

天陰雨而落雪。午後四時三先生由滬送閻家頭巷房契來蘇，隨即偕三先生到會館與劉養卿承交，計淨得洋一萬七千元。余先回，留三先生代表與彼做契，此屋于民國十一年由惟仁經手，以四千三百買得，連修理共一萬一千元。

2月10日　星期二

上午到閶外鐵路飯店回看楊嘯天、陸麟伯，並遇楊耿光、胡瑛及楊等家眷，即在鐵路飯店午飯。午後與佛菴核算徐高生建築加賬。亞威由滬回，並留晚飯。三先生午後回滬。

2 月 11 日　星期三

上午到新園。午後與影毫、佛安接算徐高生加賬等等，計一千五百八十三元，另送酒錢三百元。晚間到吳學圃家取老宅第一期賣價一萬二千元正，買主劉君又另送洋二百元作禮物之用，未免太客氣了。

2 月 12 日　星期四

天雨雪，上午未出門。下午到觀前買零物，汪裕泰樓上吃茶，樂群沐浴。政府發表我為導淮委員會委員又監察委員會委員，我決計赴京就職，為國民稍盡義務耳。亞威晚間來談，並留晚飯。

2 月 13 日　星期五

昨夜介石兄來電約我入京，趁上午十一時車前往。雨雪交加，遍地皆白，風景極佳，因鐵軌積雪，遲至午後六時始到下關。車中遇四川故友盧師諦之弟，隨與其同乘車進城，住中央飯店二百六十八號。隨致信介兄約見面時間，因過八時戒嚴，信不能投，只好明晨再送。

2 月 14 日　星期六

上午十二時晤介兄。午後到中央黨部訪陳立夫，又往訪邵力子，到介兄處晚飯。九時邵力子來談，乘十一時夜車回蘇。連日滿天風雪，途中均冰。

2 月 15 日　星期日

上午四時四十分到蘇，午後偕影毫到新園，到羅

家。蔣此次電約赴京，促余就監察委員職，並詢余大局
情形，當告以如能照四中全會議決各案切實做去，前途
自可光明，又表示余個人現無欲望。

2月16日　星期一

　　天雨未出門。本日古曆大除夕，社會習慣仍不能改
也。高季堂來函裕繁鐵礦監督部已改委他人，伊擬不日
交代。

2月17日　星期二

　　上午往凌毅然家、謝炎煊、杜啟云、陸福廷家拜
年，午後到顏芝卿、蔣家、梅家拜年，留佛菴、靖侯、
何肯蓀晚飯。此間十五日夜落雪，昨晚又降大雪，已廿
餘日未見日光，地上積約一、二尺深，為從未有之大
雪也。

2月18日　星期三

　　午後樂群沐浴。

2月19日　星期四

　　到新園。

2月20日　星期五

　　高季堂、冷禦秋來蘇拜年，約伊等及謝炎煊、顏芝
卿、張亞威、梅佛菴、曾影毫晚飯，並留高、冷住宿。
余擬明日赴南京，就監察委員職。余一生喜直言，易起

人誤會，于公于私均有未便。此次出山，應注意少說話為惟一原則也。

2月21日　星期六

趁上午十一時車，下午四時廿五分到南京。住中央飯店，遇孫祥夫，與伊相隔已三年矣。往訪邵力子，適伊往滬，未晤。

2月22日　星期日

清晨何克之來談。九時往訪于右任，午後往訪楊譜生、張靜江，並到監察院。又吳霖泉及復旦通信社記者陸昶青來談，陸係合肥人，陸學文之本家。

2月23日　星期一

上午八時到監察院做週記念，十時在國民政府大禮堂就監察委員職，午後二時監院開第一次會議。四時偕蕭萱往訪邵元冲、胡展堂、戴季陶。晚七時介兄約吃飯，有莫德惠、劉成禺及展堂、戴陶、稚恢、石曾、靜江、右任、亮籌等，又石醉六、孫懷遠、李用賓先後來訪。

2月24日　星期二

上午往訪石陶鈞、何克之，午後訪蕭紉秋、張佛昆，並張家晚飯，有孔繁錦在坐。晚間陳靄士、周夢蘭、許應午來談。午後二時監察院開會，連日來客請見，無非請求工作，幾如山陰道上應接不□之勢。

2月25日　星期三

上午往訪張我華、石丹生、何克之，約吃午飯。午後二時到監察院開會。到西成旅館，蕭紉秋晚飯，九時張樂君來談。

2月26日　星期四

上午張海洲家、四太爺家。據四太爺云，小三爺于去年陰曆十二月廿四生一男孩，聞之甚為歡喜。午後遊覽第一公園，二時到監察院開會，約蕭紉秋中央飯店晚飯。又夏純上午來見，為伊父次岩墳墓託余代向中央請求。次岩係于民國五年為革命而遇害。

2月27日　星期五

上午九時到監察院審查監院會議規程。十一時孫品三父子來談，係為其子請求向蔣說項。偕蕭紉秋訪邵元冲，同蕭到下關坐十二時五十分車回蘇，蕭赴申。因誤點，八時到蘇。

2月28日　星期六

上午到新園。午後偕影毫、佛菴樂群沐浴。謝炎煊來談。新園種芍藥。

3 月 1 日　星期日

到新園工作。趁午後五時車入京。車中遇劉汝璠（號友琛），甘肅天水人，美國留學生。十一時十五分到下關，住東南飯店。

3 月 2 日　星期一

上午在下關江邊散步，並購零物。午十二時進城，午後二時到監察院開會。于院長宣布蔣主席要胡展堂院長下野理由，如此政局不免少有謠言。晚間高一涵來談。

3 月 3 日　星期二

上午七時晤介石，談監察委員不能兼職，應將導淮委員及常委辭去。又談胡展堂反對約法，故將其免職，託余赴港接洽桂派。往訪張文白，為道叔入軍官學校事與張磋商。下午二時監察開會。晚六時陳光甫來，並留晚飯。

3 月 4 日　星期三

上午十時晤蔣。下午二時隨于院長及監委謁總理靈，並領陵園新村房地三畝，係一百號，價五百元，于允先代付。六時道叔入京，帶謁軍校教育長張文白。張云既由總司令特送，可免考，誠十分優待耳。又張我華、葉楚傖、邵力子、高凌百先後來談，擬明日回蘇。

3月5日　星期四

　　六時起身，七時訪俞飛鵬，八時到惠施飯店訪陳光甫，並早飯。乘九時廿五分車，車中同坐位石覺君，此人黃浦軍校第三期，桂林人，在教導第二師當營長。下午三時到蘇州。

3月6日　星期五

　　到新園，偕佛菴到曾家，到鄒園買樹。午後偕伯谷、佛菴、影毫樂群沐浴。在偌子家晚飯。

3月7日　星期六

　　上午新園與影毫、佛安、偌子計劃種東廳東面及後面樹木。在偌子家午飯。

3月8日　星期日

　　上午到新園。下午到影毫、凌毅然家。王先友由來工作，此人隨余多年，甚忠實，擬介紹至皖民廳，並送川資五十元。又得滬函，十一日有船赴港。乘下午七時車赴滬，車中遇章誠菴。十時到滬，住一品香。

3月9日　星期一

　　清晨到武定路檢點書件。午後偕惟仁、叔仁到一品香。楊敦甫、謝鼮民先後來談。又偕叔仁、惟仁到新新公司買零物，禪月齋晚飯。九時往訪朱子謙。

3 月 10 日　星期二

　　午後偕惟仁、叔仁、影毫遊覽兆豐公園。四時章行嚴來談，楊敦甫約在梅園晚飯，有行嚴、叔仁、影毫在坐。十時敦甫、叔仁送我登比亞士總統船，住一百二十二號特別房間，計國幣二百十六元。二年前百元可矣，金貴之故也。

3 月 11 日　星期三

　　上午五時車開輪到吳松口外待潮，至午十二時繼續開輪。余十八年春偕陳光甫往馬尼，即趁此船，由美洲返國，亦趁此船，連此次共三次矣。船中茶房多係認識，招待格外周道。

3 月 12 日　星期四

　　天氣清和風和浪靜。同船中有陳永傑者，係國民商業儲蓄銀行天津分行經理。

3 月 13 日　星期五

　　午十二時到港，季文與麥慕堯來船迎接，住九龍彌敦飯店。麥約午飯及晚飯。

3 月 14 日　星期六

　　季文、慕堯來談，到季文家晚飯。

3 月 15 日　星期日

　　季文、慕堯來談，慕堯請吃晚飯。

3 月 16 日　星期一

上午十時過海到中國旅行社晤李寶鋆，中國銀行取款。季文、慕堯來談，慕堯本日往晤州轉邕，晚偕季文散步。

3 月 17 日　星期二

上午出外散步，十一時半到茶館茗茶，藉領本地風光。報載雲南四將領因反對國府之編遣計劃，迫令省府主席雲龍下野。

3 月 18 日　星期三

旅館後高山散步。晚季文來談。

3 月 19 日　星期四

看廣東戲。晚間季文來談。

3 月 20 日　星期五

海邊散步。酒店間壁看電影。季文晚間來談，並晚飯。

3 月 21 日　星期六

清晨季文來談做人處事道理，伊云近年來讀書得敬、靜、誠、恕四個字，終日不忘此四字，以此為修身大本。余十分同情，亦當以此為修基礎也。麥煥章十九日由梧赴邕。下午二時半宮涌影戲院看電影。

3 月 22 日　星期日

偕季文遊覽九龍、新界風景。查新界原一荒蕪海島，經英人以三百萬元修環島馬路，從事各種經營，山青水秀，柳暗花明，誠世外桃園也。參觀季文元朗新宅，大埔圩午飯。

3 月 23 日　星期一

高山散步。大華看電影。季文來談，此時專待麥慕堯消息，以便決定行止。終日坐守，急煞。

3 月 24 日　星期二

看電影。季文來談，並出外晚飯。慕堯來電已到邕。

3 月 25 日　星期三

清晨到季文家，復電麥慕堯，促其回港。九時偕季文游覽宋王台，此台乃宋朝最後皇帝昺住節之所。後由此至崖山，元將來侵，帝與陸秀夫溺水而亡，張士傑船逢颶風，亦亡。

3 月 26 日　星期四

清晨偕周玉麟及季文二公子遊覽皇家公園，又坐上山電車至山頂觀香港全景。到季文家午飯。

3 月 27 日　星期五

看電影。德兄來電，季文來談，復德兄電。

3月28日　星期六

上午到季文家，並午飯。

3月29日　星期日

大華看電影。季文午後來。

3月30日　星期一

今日余家由闊家頭巷遷移東小橋新屋，余未在家料理，心殊不安。午後中和電影。周玉麟來談。

3月31日　星期二

清晨季文偕周玉麟來譯致麥慕堯電。午後偕玉麟遊覽九龍老城及鄉野散步。

4 月 1 日　星期三

大華看電影。電慕堯促其回港，俾余早日回滬。

4 月 2 日　星期四

專待慕堯回港，余可即日回滬。然飽食終日，無所用心，亦覺無聊也。

4 月 3 日　星期五

約周玉麟及季文的二公子吃晚飯。偕周過海打聽赴澳門船期，擬明日前往該處遊覽。

4 月 4 日　星期六

偕周趁午後二時泉州輪赴澳門，五時抵澳，住南園酒店。隨乘汽車遊覽全澳，九時看電影。

4 月 5 日　星期日

本日舊曆二月十八日，係余生日。但年年有生日，而事業無進步，未免空過光陰。偕周乘公共汽車遊覽前山、香山（即中山縣），經中山故里翠亭，有小樓三間，即先生故宅也。該宅四面環山，出山口即是海港，風景與風水大有可觀也。

4 月 6 日　星期一

今日係清明，又係觀音會期，紅男綠女進香掃墓，砲燭連天。余與周君終日徒步遊覽街市，至媽祖廟，經曲徑至觀音閣，該處依山臨海，風景甚佳，大有令人留

連忘返之勢。

4月7日　星期二

上午八時乘泉州輪，十二時到香港。得李復函，道路不通，未便歡迎余赴南寧。擬趁十日亞細皇后船回滬。

4月8日　星期三

已購定亞細亞皇后船一百廿六號房，計美金五十五元，合國幣二百五十元。金貴銀賤，物價增高，本可趁普通船位，但為祕密起見，不得不然也。午後偕季文復遊新界。

4月9日　星期四

到季文家晚飯。八時周玉麟、王維莊及季文送余上船。

4月10日　星期五

早六時開輪，有風浪，未能起床。

4月11日　星期六

風平浪靜。

4月12日　星期日

上午六時到吳松口，十時上岸。叔仁及謝為民、謝叔傑到海關碼頭迎接，住一品香。隨電介兄詢會面地

點，得復電約赴杭州，擬明晨前往。陳光甫、楊敦甫同
往川菜館晚飯，又謝炎煊來談。

4 月 13 日　星期一

乘上午七時車，午後一時到杭州，住西冷飯店。隨
往蔣莊，聞介兄已遷澄廬，即至該處，彼又外出。三時
至張靜江兄處，晚八時往澄廬晤介兄，當將赴港經過說
明。十時回飯店，沐浴就寢。

4 月 14 日　星期二

趕上午七時四十分車，下午一時半到滬，到一品香
晤三先生、謝韙民。發電季文，又告以與介兄談話結果
甚佳。趕三時車回蘇，五時到蘇。晚間亞威來談。

4 月 15 日　星期三

今日未出門。三先生由滬來。

4 月 16 日　星期四

今日未出門。李協和副官徐君來參觀余園。

4 月 17 日　星期五

三先生赴南京。午後偕伯谷、影毫樂群沐浴。五時
到偌子家。

4 月 18 日　星期六

請杜錦齋、楊譜笙、陸心亘、張亞威等十七人午

飯，因搬家送禮之故也。

4月19日　星期日

上午到羅家、張家，蔣家請吃午飯。吳承齋來談。擬明日赴京。

4月20日　星期一

趁上午十一時半車，車中遇蕭紉秋。四時半到京，仍住中央飯店。

4月21日　星期二

上午監察院出席會議，並晤于院長。午後三先生、張廷才、江養正來談。約石丹生晚飯。蕭紉秋兄留住中央飯店。

4月22日　星期三

上午九時到監察院看公文。十二時偕紉秋到綠柳居午飯。午後五時偕紉秋赴湯山沐浴，是晚該處。

4月23日　星期四

九時偕紉秋進城，到監院。覺林午飯，飯後遊後湖美洲公園。該園舊址原係古廟，僧人被逐，佛像毀棄，廟宇改作茶舍，古跡不知何往。滄海桑田，不勝有今昔之感也。

4 月 24 日　　星期五

　　清晨到監察院。九時蕭紉秋送余到下關，趁十時車回蘇。下午三時到蘇，車中遇偌子由鎮江上車。

4 月 25 日　　星期六

　　上午到曾家。下午樂群沐浴，自由農場吃點心。

4 月 26 日　　星期日

　　午後到謝家。晚間謝炎煊來，談余勸他勿賭錢，以節檢為要。

4 月 27 日　　星期一

　　趁上午十一時廿八分車赴京，車中遇鄧孟碩夫婦，四時半到京，仍中央飯店。偕二先生、三先生出外晚飯。

4 月 28 日　　星期二

　　上午偕蕭紉秋到監院閱公文，綠柳居午飯。午後四時賀貴嚴約在中央飯店，會商招待國民會議代表事宜。

4 月 29 日　　星期三

　　到監察院閱公文。午後何克之來談，留晚飯。與賀貴嚴會商招待國議代表，近日時局又有謠言。

4 月 30 日　　星期四

　　上午到監院。午後偕蕭紉秋訪介兄。張學良到京。

中央監察委員古應芬、蕭佛成、林森、鄧澤如通電反對
介兄，此乃汪、胡、許聯合之接果也。以過去歷史而
論，此等利害連合，恐難持久。

5 月 1 日　星期五

到監院辦公。偕紉秋湯山沐浴，到大華飯店檢點國民會議皖代表住房。叔仁擬明日赴滬，在公債方面謀生活。伊家人口甚多，生活真不易也。

5 月 2 日　星期六

上午訪張靜江，遇張溥泉、吳稚暉，彼等主張調和現在時局。十時偕紉秋往訪介兄，適伊事冗，未及晤談。午後訪馬福祥、何克之。又上午訪邵力子、李石曾。偕紉秋遊覽北極閣及美洲公園，綠柳居晚飯。

5 月 3 日　星期日

上午偕紉秋遊清涼山高地。謝韙民由滬來談公債暴跌情形。張亞威由蘇來，擬請其幫助招待安徽國民會議代表。

5 月 4 日　星期一

清晨晤介兄。安徽國代表十時到下關，親往招待。到易家橋張公館，到監察院招待處，在蜀陝飯店請午飯，討論招待。午後陳光甫、郭秉文來，與伊等晚飯，十時送伊到到車站，夜車返滬。

5 月 5 日　星期二

國民會議今晨開幕。午後陳雪軒來談。五時偕亞威遊覽後湖，又劉毫五午來談，到張佛昆家晚飯。

5月6日　星期三

上午到監院。在中央飯店請皖、魯代表午飯。午後訪張靜江、蔣雨岩、陳濟堂響應四監委卅通電。

5月7日　星期四

清晨訪邵力子，到監院辦事。趁十時車赴滬，午後五時到滬，住一品香。偕三先生遊覽新新、先施兩公司，約曾啟周、薛家懷在月賓樓晚飯。晚間謝躄民來談。

5月8日　星期五

上午偕謝躄民兄弟及三先生到福祿壽吃早茶。十時訪陳光甫、楊敦甫，趁十二時半車回蘇州。

5月9日　星期六

上午到蔣家，到曾家，到謝家。午後樂群沐浴。

5月10日　星期日

清晨偕子及杜友銘來談，趁上午十一時車赴南京，仍住中央飯店。晚間張亞威來談。

5月11日　星期一

上午到監察院辦公，張文白請吃午飯，有多數高級軍官在坐。午後陳柱一來談，並留晚飯。余在柏林時，諸承陳君招待。又上午往訪皖國民會議各代表。

5月12日　星期二

偕蕭紉秋到監察院辦公，覺林午飯。午後蔣雨岩來談，羅偕子、李思廣由鎮江來，張亞威約余及羅、李、陳雪軒晚飯，飯後偕羅、李訪葉楚滄，外出未遇。送羅、李到安東酒店住宿。

5月13日　星期三

上午到監察院辦公，偕紉秋、偕子、亞威覺林午飯。飯後偕三君湯山沐浴，遇蔣雨岩、陳孟昭。五時回拜陳雪軒，同赴何克之家晚飯，有倪道烺（號炳文）在坐。靖侯昨由蘇來，伊生活困難，擬介紹至徐克誠處工作。

5月14日　星期四

偕偕子、亞威、思廣遊後湖，偕子午後回鎮江。到張佛昆家。于右任請吃晚飯，有韓復渠、西北諸將領在坐。晚十時訪張岳軍，遇楊永泰、吳鐵成，彼此談時局，主張調和黨內紛爭，求大局和平。得家信，馴兒出痧痘。

5月15日　星期五

清晨訪何雪竹、徐克誠，何外出未晤。趁上午十時車回蘇州，車中遇高凌日、羅偕子。三時到蘇，馴兒痧症已稍退。

5月16日　星期六

上午未出門。顏芝卿、蘇企六來，午後上海銀行孔君來，又三先生由港來。樂群沐浴。

5月17日　星期日

上午訪劉養卿。張亞威約午飯。有蘇企六、張矯臣等在坐。午後三先生回滬。外報載兩廣合作，將組軍政府。

5月18日　星期一

上午到羅家。亞威來談。趁上午十一時廿三分車赴京，午後四時半到京。訪蕭紉秋。訪介兄，同乘汽車赴下關散步。擬明日赴滬。此次與介兄談話，對于和平頗接近。

5月19日　星期二

清晨訪紉秋，同到監察院。趁十時車赴滬，車中遇劉成禺、狄膺。午後五時到滬中國飯店，謝偉民兄弟來談，並約其晚飯。

5月20日　星期三

上午十時到上海銀行，訪楊敦甫，同往大西路醫院看陳光甫病，在醫院午飯。午後到上海銀行做公債若干。晚間謝偉民、謝叔傑來談，叔傑本晚赴港。又偕三先生遊覽先施、永安公司，買除草剪，計六十元〇五角。

5 月 21 日　星期四

清晨楊敦甫來談。趁午十二半車回蘇州。

5 月 22 日　星期五

上午訪謝炎煊、杜錦齋、陸心亙、陳鳴夏。午後陪陳遊羅園。

5 月 23 日　星期六

上午陸心亙來談，在自由農場約陳鳴夏、陸心亙午飯。樂群沐浴。謝炎煊來談，勸伊自有飯吃，不要出去活動。

5 月 24 日　星期日

上午到羅家，午後未出門。偌子、伯谷、影毫、佛菴等來談。

5 月 25 日　星期一

陸心亙請吃午飯，有杜錦齋、陳鳴夏在坐。午後三時車赴滬，住中國飯店。訪蕭紉秋、張靜江，均在京未回。晚間謝避民來談公債。

5 月 26 日　星期二

清晨楊敦甫來談公債，因時局不定，公債跌勢甚猛。余少做公債，補助生活亦無聊極矣。到一品香訪亞威，同訪孫孟戟，並約孫在梅園午飯。飯後遊覽先施，偌偉民在老半齋晚飯。

5 月 27 日　星期三

清晨敦甫來談公債。八時陳鳴夏來談。十時到新惠中偕亞威訪陳仲孚，陳剿匪傷腿，已成殘廢。又訪陳雪軒，惠賓樓午飯。陶樂春請段運開晚飯，孫孟戟、亞威、叔仁作陪。

5 月 28 日　星期四

清晨楊敦甫來談公債。九時往蕭紉秋、陳光甫，到上海銀行。十二時段運開在梅園請午飯。近日公債猛跌，余過慎重，買賣之數甚少，勝利之數亦少也。午後三時車回蘇州。

5 月 29 日　星期五

清晨到羅家看伊世兄病，又到伍家，又顏芝卿來談。午後倄子、炎煊等來談。廣東唐少川、許汝為、汪精衛、李宗仁等通電，限蔣介石四十八小時下野。如此又入于用兵一途矣。

5 月 30 日　星期六

上午到羅家。午後偕倄子、影毫沐浴。

5 月 31 日　星期日

上午到曾家、陳鳴夏家，在陳家午飯。午後三時往滬，仍住中國飯店。往訪張靜、朱子謙，張赴杭未晤。偕趲民、叔仁會賓樓晚飯。又往訪張■■。

6月1日　星期一

本日專研究公債市面。午後乘汽車參觀新築中山樓。新惠中訪孫孟戟、張味誠。■朱子謙請吃晚飯。

6月2日　星期二

清晨楊敦甫來談，近日公債猛落，經政府維持，一律回漲。正午十二時卅車赴南京，九時半到下關，進城住中央飯店。

6月3日　星期三

清晨訪介石。九時到監院辦公。十時訪邵力子，訪何克之，並約何中央飯店午飯。午後訪于右任，到監院辦公。趕夜車赴滬，二先生送到下關。因時間上早，大觀園沐浴。

6月4日　星期四

清晨七時到滬，仍住中國飯店。約謝蘧民、曾啟周、三先生會賓樓午飯。訪紅萬字會周堯階等，並約周等及慎之會賓樓晚飯。九時與謝蘧民談話，擬請其赴港遊說和平。

6月5日　星期五

趁清晨七時車赴蘇州。張叔怡及季□來談，留午飯。午後亞威、叔怡等竹序。

6月6日　星期六

亞威約午飯。江西剿匪軍師長胡祖玉于廣昌之役受傷逝世。湖南湘潭發蛟水，死傷人民數千。

6月7日　星期日

謝韞民由滬來，午飯後仍回滬。余主張和平統一，請謝赴港遊說，勿為共黨造機會。

6月8日　星期一

今日未出門。

6月9日　星期二

午後到樂群沐浴。

6月10日　星期三

上午到蔣家、曾家。

6月11日　星期四

上午偕梅佛安訪楊譜笙。下午凌毅然來談。

6月12日　星期五

未出門。

6月13日　星期六

午後偕影毫、亞威、借子、伯谷等樂群沐浴。

6 月 14 日　星期日

清晨伯谷偕其房客陳淮鍾來談，又有雲南人朱根良者自行來園參觀。午後亞威、皓子來談。

6 月 15 日　星期一

未出門。

6 月 16 日　星期二

午後訪凌毅然，偕影毫樂群沐浴。

6 月 17 日　星期三

清晨回看陳淮鍾君。午後三先生由南京來蘇州。

6 月 18 日　星期四

未出門。

6 月 19 日　星期五

亞威約吃午飯，午後三先生赴上海。影毫來交造屋■■，除田地價外，共開貳萬四千元正。

6 月 20 日　星期六

本日舊端陽節，皓子約午飯，飯後樂群沐浴。舊習慣難去，仍須與各友往返拜節。

6 月 21 日　星期日

偕亞威、皓子到曾家，約亞、皓二君及影毫午

飯。又午後偕亞、偕到自由農場晚飯。蔣介石出發江西
剿共。

6月22日　星期一

未出門。午後謝炎煊偕其兩位夫人來補拜端午
節。又王德均由合肥來，隨即赴崑山。伊現任合肥女中
校長。

6月23日　星期二

未出門。此次在江西剿共，軍隊約卅萬人，蔣又親
自前往指揮，如再不能收效，國家前途大可憂也。

6月24日　星期三

蔣懷仁來蘇，蔣家請午飯，約余夫婦作陪。懷仁午
後來訪，余偕伊遊覽羅園，並約懷仁在自由食品公司
晚飯。

6月25日　星期四

未出門。伍先生由滬回，晚間來談。

6月26日　星期五

未出門。張亞威、曾影毫先後來談黃蘆湖田。約定
廿八開會解決，緣該湖田已經營五年之久，尚無進步。

6月27日　星期六

上午陳鳴夏來談，並送磁器。

6 月 28 日　星期日

上午陸心亘、杜友明先後來。午後影毫、偌子、亞威、何肯蓀、宗洞天開會，討論湖田無結果。因五年來無進步，多有後悔之意，不願再進。

6 月 29 日　星期一

清晨訪亞威、偌子商湖田招外股，並到曾家，伊擬出售園地，特偕陸心亘前往參觀。

6 月 30 日　星期二

清晨梁子厚、陸心亘來談曾影毫地皮，介紹售與劉經扶。亞威、影毫先後來談湖田辦法。

7月1日　星期三

未出門。午後宗洞天介紹廬江人王傑（號天民）來參觀園屋。中央軍下令總攻贛南赤軍，此次勝負關係甚巨，又外報載桂軍將入湘南，如此兩廣軍又發生問題矣。

7月2日　星期四

未出門。惟仁早車赴滬。蔣介石由南昌出發撫州指揮剿赤，軍隊聞已下令總攻。

7月3日　星期五

朱子謙來蘇，蔣家請伊夜飯，余作陪。惟仁由滬回蘇。

7月4日　星期六

下午到曾家。得三先生函。謝韙民明日到滬，擬明早車前往與伊見面。

7月5日　星期日

三時起身，四時出城，趁五時車赴滬，七時到滬，住中國飯店。因天雨未出門。午後三時謝偉民由港到滬，晚八時來談，據云兩廣各派意見頗不一致，但反蔣派要求蔣下野，方可言和平。

7月6日　星期一

清晨往訪楊敦甫。趁九時半特別快車，十一時廿分

到蘇。午後亞威、偌子、影毫先後來談。

7 月 7 日　星期二

未出門。致函介兄道謝端午節送款一千元。

7 月 8 日　星期三

上午到觀前買零物。下午謝炎煊來談。三先生由滬回京。

7 月 9 日　星期四

清晨偕偌子到曾園陪同陸心亘、王偉仙、梁南喬看曾家地皮。下午曾、陸、王、梁四君又來談地皮，因王君以地形過狹，恐難交易。又彭默菴偕二友人來參觀園。

7 月 10 日　星期五

亞威約在自由農場午飯。近日韓國人以萬寶山案為由，受日人指使攻擊我華人與領事館，死傷數百人。是可忍也，熟不可忍也。

7 月 11 日　星期六

謝韙民夫婦由滬來，擬明日請伊午飯。謝炎煊夫婦午後來談。

7 月 12 日　星期日

請謝韙民夫婦午飯，伊等晚車回滬。

7月13日　星期一

上午與冷禦秋在偕子家，商議冷等加入黃廬湖田股分。

7月14日　星期二

未出門。

7月15日　星期三

清早偕亞威到中張家巷看地皮，又到公園吃茶。午後得蕭紉秋來函，以三女夭殤需款用，擬借一千元。為彼此感情計，擬明日照數匯去。

7月16日　星期四

清晨偕張亞威到婁門外訪同鄉程佐之。到惟盈午飯。午後到觀前上海銀行匯洋一千與蕭紉秋，因伊三女夭殤，借款安葬。

7月17日　星期五

李思廣午後來談，並留晚飯。

7月18日　星期六

往看伍伯谷，遇陳淮鍾。影毫來談田事，留午飯。午後到偕子家復何克之函，約其來蘇遊覽。

7月19日　星期日

未出門。報載石友三軍在順德發動，已與東北軍在

內邱衝突。江西剿共軍連日克廣昌、東固。

7 月 20 日　星期一

程邦達（號佐之），午後來談田皮事。

7 月 21 日　星期二

何克之來蘇，下榻余家。

7 月 22 日　星期三

上午偕何克之訪偌子、伯谷。請何午飯，伍、曾、梅、張、顏作陪。下午偕何樂群沐浴，自由農場晚飯。

7 月 23 日　星期四

上午偕何克之到錯庫巷看地皮。連日大雨河水大漲，北方淮河、長江已成水災。

7 月 24 日　星期五

何克之兄來蘇，志在遊山，因天雨未果，故于上午回南京。何君年少，英明前途未可限量。宋子文在上海車站遇刺未中，其秘書傷亡。

7 月 25 日　星期六

蔣家約午飯。昨夜今朝大雨傾盆，田禾淹沒。赤黨殺人放火，兩廣有侵犯湘贛之說，石友三在河北與東北軍即將開火。如此情形，可謂刀兵水火一齊來也。

7月26日　星期日

清晨偕偌子訪蔣俊卿，午後訪凌毅然、謝炎煊。三先生七時到蘇，擬明晨偕伊赴滬。

7月27日　星期一

偕三先生趁上午七時十八分車，十時卅二分到滬，住中國飯店。約謝蟈民來問公債情形。下午往訪蕭紉秋，並偕伊夫婦及子女功德林晚飯。

7月28日　星期二

清晨訪陳光甫，同至甯波路早餐。參觀上海銀行新屋，誠上海獨一無二之新式銀行也。十一時會天幹，十二時偕三先生及天幹外出午飯。午後四時蕭紉秋夫婦及其子女來余處，約余功德林晚飯。飯後到蕭家談話，十時回。

7月29日　星期三

清晨偕三先生福祿壽早餐。趁九時卅分車，十一時卅分到蘇。適惟仁請朱子謙之女公子午飯。偌子午後來。

7月30日　星期四

未出門。近日石友三與東北奉軍在保定府南方大戰，中央集中黃河北岸，預備夾擊。

7 月 31 日　星期五

　　未出門。晉軍五師集中娘子關，向石家莊移動，態度不明，大有舉足重輕之勢。

8月1日　星期六

未出門。外報載鮑羅廷、加倫到香港，不知又有何作用也。連日石友三與東北軍在保定、望都之間激戰。

8月2日　星期日

介石來電約我赴南昌一敘，擬明日先赴滬再前往。偌子、伯谷、影毫晚間來談。

8月3日　星期一

上午三時起身，趁五時車赴滬，仍住中國飯店。九時訪蕭紉秋，十時到中國旅行社買怡和公司瑞和輪船票，擬今夜赴九江，應介石之約。到上海銀行訪陳光甫，陳約午飯。午後紉秋夫婦來，同到功德林晚飯。九時雙鳳園沐浴，十時三先生與謝轚民送我上船。

8月4日　星期二

上午四時開輪，下午二時過通州，晚八時過江陰。今日天氣甚熱。石友三此次與奉軍在保定附近作戰先勝，嗣因各方無響應者，又加中央軍及晉軍同時夾擊，故向魯境潰退。

8月5日　星期三

上午六時過鎮江，午十二時半到南京，何克之兄上船晤談。二時半由京開船，七時過蕪。本年沿江各省大水堤圩衝破，米苗及家屋均被淹沒，人民流離失所，秋收絕無期望。此等情形，目不忍睹，淮河流域亦然。如

此大水為三十年所罕見也。

8月6日　星期四

上午八時過大通，午後三時半過安慶。照平時行船時間計算，應于今晚七時到潯，因大水流急，上行極緩，須遲至明晨方可到潯。

8月7日　星期五

上午四時到九江，總部副官及上海銀行經理林友琴、旅行社伍榮先來船迎接。六時上岸，到大華飯店。趁八時火車赴省，車中遇李景林等。下午二時到南昌，七時晤介兄于百花洲，並留晚飯。石友三軍大潰，中央軍繳械三萬。

8月8日　星期六

何副官處長請吃晚飯，有李芳岑、邵力子諸君在坐。八時訪介兄，九時半回寓。

8月9日　星期日

上午訪邵力子、周福海。李芳岑來談，留午飯。何競武約沐浴。六時訪介兄，並晚飯，十時回寓。擬明日專輪返南京。

8月10日　星期一

上午七時江利船隨即開輪，午後一時船抵吳城。因遇風，船暫停，即在該處過夜。

8月11日　星期二

午十二時風平開輪，下午四時半過湖口，風景甚佳。夜十一時半到安慶，停輪休息。

8月12日　星期三

晨四時由安慶開輪，八時過大通，午後一時過蕪湖，六時半到南京，進城住中央飯店。八時何克之來談。

8月13日　星期四

上午訪陳果夫、戴季陶，均外出未晤。到監察院。午後緯國到南京，送伊上利江輪，六時半開輪，赴南昌介兄之約。又何克之約吃晚飯，九時訪于右任，談甚久。趁夜車赴滬。

8月14日　星期五

上午八時到滬，住翁洲飯店。午後蕭紉秋來談，又陳光甫、楊敦甫來，約到逸園晚飯。十時半回，就寢。

8月15日　星期六

上午陳光甫來談，並留午飯。午後訪蕭紉秋，先施公司購物。七時訪朱子謙，並留晚飯。

8月16日　星期日

上午蕭紉秋夫婦來旅館，趁十二時半車回蘇，四時到家。偌子來談。得香港來電，約余前往面談。請梅佛

安赴滬，告同人明日俄后船來不及。

8 月 17 日　星期一

上午影毫、亞威、倩子來談。十二時佛安由滬回，余決明日趁伏見丸前往香港。午後至蔣太太處，勸伊本年不必到九華朝山，以敬香之款移作救濟水災難民。趁午夜九時半車赴滬，住中國飯店。

8 月 18 日　星期二

上午八時訪陳光甫，外出未遇，又訪蕭紉秋。十時乘小輪上伏見丸，午後一時開輪，船中遇郭復初令弟，彼此相談，尚不寂寞。

8 月 19 日　星期三

天氣清和，風平浪靜。倩子之大小姐京慧乘此船赴港教書，因不慣航海，竟不能起床。余去看他數次，竟無法幫助。余此次赴港，希望國民黨大團結，革命軍大團結，挽救中國危局，不知各方能容納否，惟有聽諸天命。

8 月 20 日　星期四

晨間小雨後天晴。連日腹瀉，似痢而非痢，精神欠佳。羅小姐竟兩日未能起床，未能飯食，真正困苦。

8 月 21 日　星期五

上午八時半到香港，住彌敦酒店。

8月22日　星期六

本日未出門。余此行志在求大局和平，而他人不知，以為係蔣方策略。余只得聲明，文人靠筆，武人靠槍，余所靠者信用耳。

8月23日　星期日

李德鄰派張伯璇來港招待，到王季文家看伊夫人病，在王家午飯。張伯璇請吃晚飯。本日與張、王談，大局和平方可減人民痛苦。

8月24日　星期一

偕張伯璇、王季文到九龍城竹林內餐館午飯。午後七時到皇后酒店看張伯璇。

8月25日　星期二

午後三時週遊九龍、新界。六時回，過海，中華酒家晚飯。

8月26日　星期三

上午到女青年會看羅佶子大小姐，約伊到小祇園吃素飯。飯後乘汽車遊覽香港全埠。

8月27日　星期四

上午張伯璇來談。午後八時偕伯璇過海晤汪精衛，談三時，彼此皆歡，對於時局頗主和平，囑余在港稍待，俟伊進省與古、孫等密商具體辦法再晤談。

8 月 28 日　星期五

　　張伯璇來作時間談話，午後七時偕張及季文大同酒家晚飯，張夜船進省。余此次奔走和平，季文固屬盡力，而張尤為熱心幫忙耳。

8 月 29 日　星期六

　　晚偕季文南唐酒家晚飯，專待張伯璇消息來港，方可決定行止。

8 月 30 日　星期日

　　偕季文等遊覽青山寺，張伯璇由廣州來，並攜汪精衛親筆函，云古湘琴、陳伯蘭、孫哲生、李德鄰請余赴廣州晤談。擬今晚十時偕季文、伯璇趁泰山輪前往。又到大同酒家晚飯。

8 月 31 日　星期一

　　上午六時抵廣州，在張伯璇家先與李德鄰晤談。十一時半在古湘琴家與精衛、哲生、伯蘭、德鄰等五人磋商大局和平，結果尚佳，即在古家午飯。午後四時輪回香港，擬明日趁比亞士回滬。

9月1日　星期二

午十二時季文及其子姪送余上比亞士頭等一百○一號房，計船價港洋二百四十元。此船余先後共乘四次，可謂有緣矣。午後二時開輪，至午後六時忽大風，感覺非常困苦。

9月2日　星期三

清晨風稍平。

9月3日　星期四

風平浪靜，精神甚佳。下午四時到滬，偕三先生夜車入京。

9月4日　星期五

上午七時廿分到京住中央飯店，下午偕二先生遊覽紫金山、天寶城及鐘鼓樓。七時往晤介石，談一小時。

9月5日　星期六

偕三先生遊覽靈谷寺，到湯山沐浴，並午飯。遇吳稚暉、張靜江。晚間往訪何克之。介兄派張孟豪來，云今晚無暇見面。

9月6日　星期日

上午往訪靜江、稚暉。又何克之偕曾曉淵來談，曾係梁冠英住京辦事處長，約何、曾等青年會午飯。午後張鎮、張一寬先後來訪。又偕三先生遊覽北極閣。介兄

函約明日下午四時見面。

9 月 7 日　星期一

　　遊覽清涼山、第一公園。午後五時在陵園晤介兄，彼此研究粵局和平，無十分結果。晚偕三先生趁車回蘇。

9 月 8 日　星期二

　　清晨六時到蘇。兩廣軍入湖南，中央軍亦正在出動中。如此自亂戰線，為赤匪造機會，良可嘆也。

9 月 9 日　星期三

　　上午到蔣家、伍家。陳鳴夏來談，約到自由農場午飯。飯後樂群沐浴。

9 月 10 日　星期四

　　上午到曾家，回陳鳴夏，在陳家午飯。午後三先生由滬來，晚車仍回滬。又謝炎煊來談。

9 月 11 日　星期五

　　午後三先生由滬送汪、古、孫等復電，須蔣下野，方可停止進兵。擬明日偕三先生南京晤介兄，磋商一切。

9 月 12 日　星期六

　　上午到羅家，遇何亞龍、張亞威等。偕三先生趁

十一時卅分車，下午四時卅分到南京。六時在陵園晤介
兄，伊詢余主張，余切實進言。蔣意召集在京要人會
議，余決在京小住。

9月13日　星期日

上午訪于右任，並在于家午飯。下午偕三先生遊陵
園。七時晤介石，商京粵和平。擬發電粵中當局，請推
代表二人來滬與介石面談。

9月14日　星期一

蕭紉秋由滬來京，住中央飯店。三先生赴滬。下午
遊覽台城、雞鳴寺等處。晚間與紉秋談佛學，告伊余現
在奔走，志在補已往之罪過與未了之志願。

9月15日　星期二

羅佶子、李思廣由鎮江來，下午偕伊等遊靈谷寺。

9月16日　星期三

偕羅、李兩君訪葉楚傖，又偕羅遊天保城及陵園。
下午葉楚傖、孫鴻哲來談。六時何克之請吃飯。七時蔣
介兄在勵志社請立法院、監察院委員宴會，因討論大
局，各委與蔣言語頗有不合。

9月17日　星期四

上午偕羅佶子、蕭紉秋遊台城及玄武湖，午後四時
送佶子到下關趁車回鎮。晚間往訪何克之。今日粵省

汪、古等復電，仍以介兄去職為前提，雙方相巨太遠，
和平恐難即時實現。余奔走月餘之苦心，殊為可嘆耳。

9 月 18 日　星期五

介兄今晨赴江西。九時訪邵力子。趁午後一時十五
車回蘇，八時半到蘇州。

9 月 19 日　星期六

本日未出門。亞威、偕子、伯谷先後來談。三先生
由滬來，晚九時半車仍回滬。

9 月 20 日　星期日

日本藉口中村大尉事件，藉圖抵制各懸案，為達成
佔滿蒙之目的。前晚日軍駐遼軍士進攻北大營，昨晨六
時竟佔瀋陽，絡續進兵將寬城子、牛莊、營口、安東相
繼佔據，沿途槍殺人民。東北大局一髮千鈞，嗚呼國人
速起奮鬥。

9 月 21 日　星期一

本日未出門。介石由江西回南京，召集各當道會商
應付日本事宜。

9 月 22 日　星期二

日軍昨日佔吉林省城，延吉發生戰事。上午到影毫
家。下午未出門，整理樹木。

9月23日　星期三

午後訪謝炎煊。惟仁請毛太太等午飯。晚訪伯谷，遇何亞龍。夜間接介兄來電（二十二日南京發），約赴南京，擬明日前往。

9月24日　星期四

趁上午十一時卅分車，車中遇陳希曾。下午四時半到京，仍住中央飯店。六時到陵園晤介兄，又外部接國聯行政院緊急通知，請中日兩國避免一切足使事變擴大之行為，及會商中日代表，求相當辦法可使立即撤兵。

9月25日　星期五

午後訪戴季陶，並在伊處晚飯。戴近來吃素念佛，大有看破紅塵。

9月26日　星期六

午後訪張靜江、吳稚輝，遇李石曾、張乃燕等。在張處晚飯，並談大局和平辦法。日本拒絕國聯調停，欲救危亡，國人亟須準備。

9月27日　星期日

上午訪陳果夫，託伊代天植、天幹及張國書想出路，伊允為設法。比電滬囑天植等來京。午後偕叔仁、魯書遊靈谷寺，謁誌公塔院，行至敬禮。

9 月 28 日　星期一

國聯行政院延長一星期閉會，限日本即日撤兵。今
日上海與本京大學生向國府請願，對日決交宣戰，撤辦
外長王正庭。中大生到外部將王痛打受傷，現民氣高
昂，恐生他故。午後匆訪于右任，晚訪張靜江。

9 月 29 日　星期二

上午見天幹、天植、國書等，伊等既已大學畢業，
我的責任已盡矣。午後訪邵力子、張靜江。紉秋、偕子
到京。連日學生請願對日宣戰風潮未了，前途未可樂
觀，政府頗覺困難。

9 月 30 日　星期三

趁上午十時車回蘇，偕子同車到鎮江。

10月1日　星期四

本日陰曆八月廿日，惟仁過生，伯谷、偕子、影豪、炎煊、佛菴等拜壽，並留吃麵。但國事危急，多數人無衣無食，前途茫茫，憂心如焚。謝韙民來蘇，隨回滬。

10月2日　星期五

上午到曾家。晚間到蔣家，看做佛事。

10月3日　星期六

上午未出，與影豪、佛菴商議起飯堂及改造假山。下午偕影豪、偕子樂群沐浴。

10月4日　星期日

趁午後八時半車，十一時到滬，住一品香。亞威來談，無意中遇陳策，與此人不見面已數年矣。

10月5日　星期一

上午訪謝韙民、蕭紉秋、陳光甫，談甚久，對于時局多抱悲觀。亞威請在大雅樓午飯，趁下午三時十五分車回蘇州。

10月6日　星期二

蔣太太過生，前往慶祝，並留午飯。

10 月 7 日　星期三

上午陸福廷來。今日起改造假山。謝韙民送季文信來蘇。擬明日赴京奔走和平事宜。天幹由鎮來，隨即赴滬。

10 月 8 日　星期四

趕上午十一時卅分車，下午五時到京。近日謠言甚多，有日軍威脅長江之說，南京已備戰，人民紛紛遷移，真正內憂外患也。晚十時訪邵力子。

10 月 9 日　星期五

上午何克之來談。協同蕭紉秋、叔仁到何家午飯。午後三時在陵園晤介兄，趁夜車回蘇，紉秋同車赴滬。

10 月 10 日　星期六

午前五時五十分車到蘇，六時到家。謝韙民晚車來蘇，隨即返滬。

10 月 11 日　星期日

上午顏芝卿、羅佶子、張亞威來談。午後徐高生八百元，係造飯廳用的，計該廳成包洋一千五百八十元，連油漆、五金、玻璃等在內。

10 月 12 日　星期一

本日在家做園中零星移樹等工作。下午偕佛安樂群沐浴。

10月13日　星期二

本日未出門。移種慈孝竹。凌毅然上午來談。

10月14日　星期三

本日未出門，在家移樹。胡展堂昨日赴滬，大局和平或有希望。中日事件國聯續在日內瓦開會磋商。

10月15日　星期四

本日仍在家移樹。本日開工起造飯廳。

10月16日　星期五

下後偕亞威到西支巷看雲海秋住宅，擬代邵力子購買。又到鎮撫司前訪范憫黔。

10月17日　星期六

本日未出門。

10月18日　星期日

上午偕佲子到影毫家，談黃蘆鎮湖田事。得港電，王季文、麥慕堯、張伯璇本日起程來滬，擬明日赴滬與伊等一晤，並電告介兄。范憫黔來談。

10月19日　星期一

介石昨夜來電，囑余赴滬約王季文到京一敘。趁午車往滬，住一品香，往訪謝肇民、蕭紉秋、張靜江、陳光甫，並陳處遇薛敏老。薛係小呂宋華僑，余十六年到

該處，頗承招待。

10 月 20 日　星期二

汪精衛、王季文等因途中遇風，船誤期，本日尚未到滬。三先生由南京來滬。午後光甫來談，並留晚飯。

10 月 21 日　星期三

粵方代表汪精衛、孫科等到滬，王季文等一同到滬。惟暗潮尚多，甯方如運用得當，和平定有可望。本日與季文、麥慕堯、張伯璇作長時間之談話。

10 月 22 日　星期四

清晨偕季文訪陳光甫，並一同早餐。介石到滬，與粵代表見面。晚間張伯璇來談。約王建平午飯。

10 月 23 日　星期五

清晨訪許汝為。午後訪張靜江。和局暗淡，雙方均無誠意，恐須延長時日也。

10 月 24 日　星期六

清晨回看黃建平。趁九時卅分車回蘇。

10 月 25 日　星期日

未出門。

10月26日　星期一

午後偕佛菴、伯谷樂群沐浴。

10月27日　星期二

偕偕子、伯谷、影毫自然食品公司午飯。

10月28日　星期三

午後偕偕子到曾園及鄒家花園。

10月29日　星期四

工人馬和韋、楊二、朱華宋因門房遺失物件，太不負責任，故令一律下工。彼等初來時甚勤慎，慢慢改變常態。

10月30日　星期五

午後陳鳴夏、謝炎煊來談。甯粵和平會議，空氣不佳。

10月31日　星期六

上午偕偕子回看陳鳴夏。趁下午三時車赴滬，住東方飯店。晚間晤季文、慕堯。

11 月 1 日　星期日

　　上午訪蕭紉秋、張伯璇。午後蕭、張先後來旅館談話。

11 月 2 日　星期一

　　上午七時到張伯璇家晤汪精衛，作私人談話。十一時偕季文、疊民、叔仁陶樂春午飯。趁午後三時車回蘇州。新工人福發今日上工，此人氣力較小，但比皖北、江北工人平和多矣。

11 月 3 日　星期二

　　本日未出門。整頓園林。許伯明午後來訪，伊現任江蘇財政廳，今日到蘇，行江蘇銀行新屋落成禮，與余有師生之誼，不晤面已數年矣。

11 月 4 日　星期三

　　到曾園，再到鄒園購花木。國聯通知日本依限十一月十六日撤兵，日本決不撤兵，並反對第三者干涉。

11 月 5 日　星期四

　　日軍四日夜間與中午大舉襲黑，均經黑軍奮勢擊退，黑代主席馬占山誓死拼命。

11 月 6 日　星期五

　　偕子、伯谷一同到樂群沐浴。自由農場晚飯。

11月7日　星期六

陳鳴夏、李瑞安來訪。李于十年前曾短時間隨余辦事，李擬來蘇置產常住，因家鄉人事不佳，不能安居之故也。

11月8日　星期日

赴午時三時車赴申，住東方飯店。此來專為晤靜江，並張伯璇送行。八時晤靜江，談四次代表選舉事。晚間與季文、慕堯晤談。京粵和議今日接束，一切問題由四次執監委大會解決。

11月9日　星期一

午後張伯璇、陳光甫先後來談，張今晚赴粵。偕季文、慕堯、叔仁冠生園晚飯。

11月10日　星期二

趁上午九時卅分車回蘇州。車中遇曹亞伯，伊年將六十，住昆山。

11月11日　星期三

陳鳴夏及偕子、影毫來談。天津流民受日人指使，擾亂治安，經警察及保安隊擊退。

11月12日　星期四

本日天雨未出門。日本通告國聯不能于限期十一月十六日撤遼、吉駐兵。南京開第四次全國代表大會，發

表團結宣言。

11 月 13 日　星期五

趁午後三時車赴滬，仍住東方飯店。因友人吳少佑兄十五日由法國到滬，余特來招待。

11 月 14 日　星期六

上午到上海銀行訪陳光甫兄。日軍前、昨兩日反攻黑龍江，馬占山君在漱江附近激戰。

11 月 15 日　星期日

下午三時到招商局中棧歡迎吳少佑兄。晚七時在銀行公會設宴，為少佑洗塵，並約高魯、章行嚴作陪。國聯三次開會，日本頑強更甚。

11 月 16 日　星期一

上午訪陳光甫。難民請吃午飯。章行嚴、吳晉先後來談。

11 月 17 日　星期二

上午八時晤季文，趁九時半車返蘇。介石來函，請余到南京出席國民黨第四次代表大會，擬明日前往。

11 月 18 日　星期三

趁上午十一時卅分車赴南京，車中遇吳少佑諸君，吳係北京。五時到京，住安樂酒店，往訪張靜江未遇。

晚間何克之來談。廣州開第四次全國代表大會。

11月19日　星期四

清晨訪邵力子，託代向全會報到，擬明日出席。十一時何克之偕梁冠英及其辦事人曾曉淵、宣俠甫來談，何約一同至青年會午飯。晚七時李曉東來談。報載日軍越過中東路，距齊齊哈爾僅八里，惟黑軍尚在竭力抵抗中。

11月20日　星期五

午後二時偕邵力子出席四次代表大會，會場在中央大學禮堂。五時楊虎來談。黑軍馬占山孤軍應敵，前亡後繼，浴血抵禦，肉搏兼旬，彈盡力竭，揮淚退出省垣，現率部守克山圖反攻，但苦戰強敵，雖敗猶榮。國人應奮起共赴國難也。

11月21日　星期六

上午偕何克之回訪梁冠英，適外出未晤。偕何及三先生白宮飯店午飯。午後二時出席大會選舉第四屆中央執監委員，以一、二、三屆委員為當然委員，另選執監委及候補執監委廿四人，此乃為調和兩廣之辦法。

11月22日　星期日

訪徐克誠、陳雪軒，均外出未晤。下午後偕三先生遊覽陵園。七時晤何克之家，請有李曉東、梁子超、孫仿魯等在坐。趕夜十一時四十分車赴滬。

11 月 23 日　星期一

上午八時到滬，住爵祿飯店。往訪張靜江，適赴京未晤。王建平在陶樂春約吃晚飯。廣州四次代表大會，反對以一、二、三屆委員為當然委員，如此京粵和平又生阻礙。

11 月 24 日　星期二

上午訪陳光甫兄。趁十二時半車回蘇。

11 月 25 日　星期三

偕佛安到觀前買飯堂電燈，計洋卅二元。公園吃茶。

11 月 26 日　星期四

劉和鼎來訪。曹亞伯來，與伊不晤面將十年矣。伊有神精病，說話多無次序。胡展堂赴粵，內部團結恐難有望。而外交日急，國聯已無幫我之可能。

11 月 27 日　星期五

回拜劉和鼎。午後偕會館經理之世兄看房屋及地皮，因有友人託購之故也。日軍占新民，向錦州攻擊。天津便衣隊二次攻擊華界。日軍限天津軍警退出津市。

11 月 28 日　星期六

日本天津駐軍司令向第二軍王樹常提出最後案，中國軍隊實行撤退至距列國軍駐屯地廿華里外，武裝保安

隊撤退運河線以北等五條件，王答復，日以無誠意，要
中國負責任。如此內憂外患，前途何堪設想也。

11月29日　星期日

　　美國不以日本舉動為然，日攻錦州或可和緩。本日
到鄒園購樹，午後種植。

11月30日　星期一

　　本日未出門。洮昂、北甯兩路日軍撤退，日本怨懟
美國干涉。

12 月 1 日　星期二

曹亞伯介紹李印泉來見。

12 月 2 日　星期三

未出門。惟仁偕怡誠赴滬祝應太太壽。

12 月 3 日　星期四

回看謝炎煊，並同到杜錦齋家接洽介紹車夫事。偕
偌子樂群沐浴。

12 月 4 日　星期五

偕偌子趁上七時車赴滬。午後偕季文來蘇。

12 月 5 日　星期六

上午回拜李印泉。偌子約季文及余等午飯。午後偕
季文等樂群沐浴，自然食品公司晚飯。

12 月 6 日　星期日

偕季文、偌子、影毫、佛菴到吳苑及汪裕泰吃茶，
又遊覽公園。北大學生示威團在南京軍警衝突被捕，押
送孝陵衛。

12 月 7 日　星期一

學生義氣激昂，群欲赴京，京滬、平津火車交通被
阻。偕季文趁上午八時半車赴崑山遊覽，余順便回拜曹
亞伯。乘下午一時車赴滬，至下午四時半到滬，因學生

率車晉京請願，致誤客車時間。

12月8日　星期二

訪張靜江、蕭紉秋、李協和，均不在滬。偕季文、
豑民陶樂春午飯。晚間黃建平來談。

12月9日　星期三

訪李曉東，適伊住醫院未晤。午後出外購零星物件。

12月10日　星期四

方叔平約在同興樓午飯，有黃建平、王季文。又與
方不見面將三年矣。趁午後三時車回蘇。昨日上海學生
集會代表被擄，昨夜京滬夜車停駛，京滬路電報、電線
拆毀不通。三先生清晨到滬。

12月11日　星期五

清晨陸福廷來談。上午到鄒園購樹。今日順兒過滿
五歲生日。

12月12日　星期六

昨夜陡寒，朔風大作。

12月13日　星期日

冷禦秋來談。偕子約冷午飯，余等作陪。冷午後回
鎮江。

12 月 14 日　星期一

到西支巷看房屋，擬代邵力子購買。偕偖子樂群沐浴。趁晚九時車赴滬，因誤點至夜一時到滬，住吳宮旅社。

12 月 15 日　星期二

十二時在謝韹民家午飯。飯後偕季文訪何克之、方叔平、黃建平，均外出未晤。下後三時方到旅館。晚間與何、黃及季文談話。又介石今日通電下野，林森暫代國府主席。

12 月 16 日　星期三

上午到惠中訪冷禦秋，訪陳光甫。午後五時訪孫科。李曉東請晚飯，有李協和、黃膺白、李曉垣、何克之在座。

12 月 17 日　星期四

趁上午七時車回蘇，九時半到蘇。午後觀購零物。

12 月 18 日　星期五

上午到蔣家。訪凌毅然。李德鄰來電云日間來滬，託代向蔣方先容。余因蔣、桂分離，三年來受種種嫌氣，今日得此一電，從此謗我者無以借口矣。擬明日赴滬歡迎德鄰。

12月19日　星期六

趁午十二時零六分車赴滬，仍住吳宮旅社。

12月20日　星期日

上午訪何克之，十二時約黃建平夫婦午飯。午後三時張省三來。偕子由蘇來申。德鄰明晨到滬。

12月21日　星期一

上午五時半起身。七時到海關碼頭，八時趁小輪到浦東上俄國皇后船歡迎李德鄰等，偕李等到華懋飯店談話。蔣來電囑招待德鄰。光甫約午飯。午後到滄洲飯店，再晤德鄰，伊擬晤汪後同汪進京。晚間約麥慕堯、黃建平等同興樓晚飯。

12月22日　星期二

趁十二時卅分車回蘇，偕子同行。日軍藉剿匪，三路進軍，錦州告急。

12月23日　星期三

蔣介石宣言回鄉，入山休養。

12月24日　星期四

劉養卿由闊家頭巷遷居倉街洋房，余十二時偕靖侯前往道賀。三先生到蘇。

12 月 25 日　星期五

午後六時偕三先生樂群沐浴。趁九時半車赴滬，十一時卅分到滬，住爵祿飯店。

12 月 26 日　星期六

上午訪李德鄰、許汝為，在李處遇黃紹雄，與此人初次見面。午後訪蕭紉秋，晚間宿中央旅社。

12 月 27 日　星期日

白團九來談。十時李德鄰來，同去訪黃紹雄。十二時在功德林約李德鄰、王季文、蕭紉秋、黃建平午飯。

12 月 28 日　星期一

上午九時訪蕭紉秋，伊午後赴奉化。十二時光甫、敦甫午飯。趁午後三時車回蘇。季文等今晨赴京。

12 月 29 日　星期二

天雨微雪，未出門。國民黨選舉林森為國民政府主席，孫科行政院長。日軍開始總攻錦州。

12 月 30 日　星期三

上午偕惟仁到蔣家。本日在家佈置新飯堂。

12 月 31 日　星期四

趁三時車赴滬，此行擬馮煥章，仍住中央旅社，車中遇李印泉。

　　光陰如駛，一年容易。民國廿年至今為止，已成尾聲。回溯廿年之所謂政治、黨務、外交、財政、建設、實業、市政、教育等等，設問其效率如何，直使吾人心痛。嗚呼，民國廿年來之政治混亂與腐敗不堪如此，乃造成今日外侮緊逼，國土崩潰之局面。而國難未已中，尤復頻報警耗，凡此種種，實非吾人初料所及也。

　　本年在外住宿，計一百七十一夜。

人名錄

陳柱一，浦東沈莊（在周浦鎮南）。

孫元方（號景西）。

崔宗塤，安大教授。

李和甫，蘇州別署，千倉小隱。

丁緒賢（號庶為），安大理學院長。

1932 年（民國 21 年）　49 歲

1月1日　星期五

　　清晨訪陳光甫。十時訪李德鄰，遇李潤潮，彼此談
數年經過，不免嘆惜。晚六時晤蕭紉秋，在伊家晚飯。
伊今日由奉化回滬，藉此問問介兄近況。九時晤馮煥
章，談半小時，對于時局何【後缺】。

1月2日　星期六

　　上午訪蕭紉秋、李德鄰、陳果夫。十二時齊俊卿約
午飯，有張省三、季雨農、黃建平、麥慕堯、王季文等
在坐。下午七時偕蕭紉秋、季文等【後缺】。

1月3日　星期日

　　趁上午九時半車回蘇。午後在家整理樹木，頗覺心
靜神怡，較在上海之無聊，未可同日而語也。如天佑我
終老于此，余願足矣。

1月4日　星期一

　　【前缺】偕張亞威、梅佛菴看張家金獅河沿地皮。
晚間與亞威談話，並討論安徽政局。

1月5日　星期二

　　午後觀前購零物，到曾影毫家談黃蘆湖田事，並請
將欠亞威之款從速發還，以免彼此有傷感情。午後佶子
來談，並為叔仁事作書，與林子起、呂漢群代為說項。

1月6日　星期三

何克之由滬來，午後偕何及偌子、影毫遊覽滄浪亭及曾園。何本擬夜車回京，因季文來電約余及何赴滬，趁晚九時半車赴滬，住吳宮旅社。與季文晤談，方知約何來滬，係財政委員會擬請何擔任秘書長。此事余亦贊成，如此銀行界與政界、軍界均亦通矣。

1月7日　星期四

上午上海銀行訪陳光甫，談何克之任財委會秘書長。午後訪蕭紉秋，同在梅園晚飯。日軍佔錦州後，復向熱河推進，我政府與人民尚在醉生夢死，爭權奪利，良可嘆也。

1月8日　星期五

上午八時偕何克之訪陳光甫，在陳家早飯。九時同光甫送何上車赴京。午後訪李德鄰。下午四時偕蕭紉秋到十六鋪訪一年將九旬之老者，此人神通說余尚有十八年光陰，或再有五年。因年老說話不清，聽不清楚，並云自明起有十五年好運，又云壬申年可生子，故且聽之。

1月9日　星期六

趁上午九時半車回蘇州。日皇被刺未中，日內閣辭職。美提非戰公約，警告日本將召集九國會議處理糾紛。

1月10日　星期日

上午到蔣家商議偉國讀書事。下午偕惟仁、偌子、影毫、馴兒遊覽公園，樂群吃點心。

1月11日　星期一

午後觀前購零物。

1月12日　星期二

午後偕顏芝卿往南園看地皮。

1月13日　星期三

午後偕偌子樂群沐浴。張席卿生孫，請吃滿月酒。

1月14日　星期四

偕偌子到曾園看樓房。吳少佑兄弟由北平到蘇，住新蘇飯店，請伊等晚飯。三先生由京到蘇。

1月15日　星期五

請少祐午飯，約偌子、影毫、佛安、叔仁、偉國作陪。吳少祐午後車赴滬。謝韙民由滬來，看定鼎康里房屋，擬將家眷移蘇。由曾家移紅梅一根，種飯堂東窗下。本日■■。

1月16日　星期六

三先生與謝韙民午後三時赴滬。京政府成立已半月，對于內政、外交毫無辦法，而財政更成困難，大有

瓦解之勢也。

1月17日　星期日

在家整理樹木，頗覺安逸。季雨農來函，轉述李德鄰意約余赴滬一談。趁晚九時卅分車赴滬，住吳宮旅社。車中遇蕭紉秋之叔伯年，同住吳宮。

1月18日　星期一

吳少祐約在梅園午飯。午後偕吳訪章行嚴。四時訪李德鄰，遇馮少山、張伯璇。晚間與麥慕堯同興樓晚飯。夜十一時何克之來談。

1月19日　星期二

趁上午九時卅分車回蘇。午後偕佶子到謝龘民家，又到曾家。汪精衛、蔣介石先後進京，而胡仍在滬。黨內勾心鬥角，于大局毫無補救之方也。

1月20日　星期三

午後到蔣家談偉國讀書事，並代轉交伍伯谷修敬六百元，內有百元係祝家送的。三時到觀前。二先生由京到蘇。晚間影毫父子及佛安，又靖侯子女留便飯。因季文到滬，擬後日前往晤談。

1月21日　星期四

未出門。

寫誤，二十記事應改作廿一日。廿一日未出門記

事，應改作二十日。

1 月 22 日　星期五

趁十二時車赴滬，住新惠中。季文到滬即生病。日人與閘北三友工場工人衝突，擊傷租界華捕。

1 月 23 日　星期六

偕吳少佑訪季文，又偕吳冠生園晚飯。

1 月 24 日　星期日

介紹吳少佑與何克之見面。趁十二時卅分車回蘇州。

1 月 25 日　星期一

本日未出門。

1 月 26 日　星期二

未出門。午後影毫來談黃蘆湖田事。行政院長孫科、外長陳友仁因對日主張絕交，中政會不同意，昨日孫、陳先後到滬，已電國府辭職。數月來所謂精誠團結又將分離矣，時局前途使人生憂。

1 月 27 日　星期三

偕佶子到曾園。介石來函與偉國，約我到京一敘，擬趁晚九時半車赴滬，由滬乘明日夜車赴京。午後一時到蔣家談偉國讀書事。夜十一時十五分到滬，住新惠中。

1月28日　星期四

上午訪蕭紉秋，約光甫、季文大雅樓午飯。午後訪李德鄰。日前日本僧人在三友場前被人毆傷，日領向市政要道歉、賠償、懲兇、制止排日運動等四條，市府僉已嚴正答復，而日人又要求接防閘北，市府不允。華、租兩界特別戒嚴。余趁夜十一時卅分車赴京，已聞閘北槍聲。

1月29日　星期五

日軍與國軍自昨夜起終日在閘北激戰，我軍佔優勢。日飛機炸毀各建築物及商務印書館，閘北竟罹慘劇，大火終日。上午訪邵力子、何克之。下午在中央遇楊虎、孫祥夫、高凌白等。

1月30日　星期六

上午九時在林園晤介兄。擬趁午後三時回蘇，因運兵，列車減少，只得四時五十分乘京錫，于夜十一時半到無錫，住無錫飯店，車中遇故友陳英士先生之世兄等。滬電北四川路底天通庵車站附近日軍陸戰隊本部已被我佔領，日軍退蘇州河北岸。

1月31日　星期日

由無錫趁上午六時車，七時半到蘇。外部卅滬事宣言，為執行中國主權上應有之之權利，採取自衛手段。對于日本武裝軍隊之攻擊，當繼續抵抗，滬領團允蘇州河北劃為戰區，准我軍入驅敵。日陸戰隊因英、美軍阻

止退租界發生衝突，英領署召集和平會議無結果。日本
此次無理舉動，蠻橫無極，凡有人心，孰不髮指。我前
敵將士奮勇抵抗，為國家保正氣，為民族爭光榮。

2月1日　星期一

國府宣言遷洛陽，不受日本壓迫，自由行使職權。

2月2日　星期二

休戰已無望。雙方仍交戰中，閘北居民退出，法國對滬事與英、美趨一致，英、美政府向日本提出書面抗議。我外部再向英、美抗議日軍公共租界軍事行動。法、英、美均調兵船與陸戰隊來滬。今晨李根源來談組保衛團，推余為組織委員，余力辭。

2月3日　星期三

日軍反對中立區，和平已決裂，昨日南翔火車站被炸，美、英對日再提抗議，法與英、美對滬事同一步驟。

2月4日　星期四

戰區擴大，美、英提三次抗議，向日本送停戰計劃。法、義將與英、美一致行動。昨日日軍總攻擊，昨夜衝鋒九次，皆為擊退。國軍今日總攻擊，戰事頗激烈，日攻吳松砲台。

2月5日　星期五

近日中日兩軍在寶山路、北四川路苦戰，國軍佔優勢，北火車站戰事尤為急烈。聞日本海、陸軍當局對華主張激烈，貴族主和平，天皇無主見。今日古曆大除夕，余馬齒徒增，于國難無補，慚愧殊深。

2月6日　星期六

日海軍司令鹽澤用利刃自殺，自殺原因閘北一敗塗地。昨日真茹車站有難民二百餘人被日飛機炸斃，血肉橫飛，景況極為悽慘。今日舊元旦，偌子、亞威、佛安、靖侯諸君來拜年，惟時局嚴重，實深憂慮。

2月7日　星期日

上海今天只有小戰。日本新換海軍司令到滬，或有和平之希望。今日落雪。晚間留亞威等晚飯。

2月8日　星期一

日本通知各國派正式陸軍來華，如此日中問題更加擴大，美國應付此局面，頗感困難。今日日軍變更戰略，攻擊吳松，戰事激烈。本日午後到謝遹民、謝炎煊、曾影毫家拜年。

2月9日　星期二

前、昨兩日日本增兵，猛攻吳松無結果，死傷二千餘人，國軍亦死傷百餘人，戰事非常猛烈。今日到伯谷、譜笙、肯蓀等家回拜新年。

2月10日　星期三

偕偌子到蔣青欽、顏芝卿拜年。吳松、閘北仍在續戰中，此次日軍猛攻閘北、吳松一帶，砲火所至，廬舍為墟，居民之無辜被慘殺者，不知凡幾。誠中國有史以來未有恥辱也。且飛機擲彈，除北火車站炸成一片焦土

外，又將經卅餘年之中國文化中心機關商務印書館炸毀無遺。

2月11日　星期四

連日日軍在滬戰事無進步，現時在滬日軍約有二、三萬，將續派一萬至一萬五千陸軍，于二月十四或十五前可到滬，屆時必有一番凶猛之戰也。日本帝大學生反對戰爭遊行演說，被警察捕去為首數人，社會似有不安。

2月12日　星期五

英領約市府與日當局會商，定十二日上午八時起至十二時停戰四小時，俾便救出戰區難民，雙方均允。日本增加陸軍一師團到滬。三先生由滬經嘉興乘小輪，于本日午後六時到蘇州。

2月13日　星期六

日本增兵到戰■日激戰。聞日方將于十六日總攻閘北、吳松。英、美、法、義四公使共同運動和平。日要求華軍撤退至相當地點，中國堅持撤退應有同等距離。

2月14日　星期日

日軍昨晨放煙幕彈偷渡蘊藻濱，被華兵包圍痛擊，日軍死傷六百餘人，被俘獲者一千餘人，所謂日方海軍中將野村攻吳松之計劃，完全失敗。日政府更委直田為上海陸軍司令，日間將有大戰。三先生回南京，介兄來

函囑照料偉國。

2 月 15 日　星期一

滬大戰即將爆發，十三、四日軍在吳松、江灣總攻無進步，損失頗巨。午後偕影毫到觀前及公園散步。蔣太太來商量偉國讀書事。

2 月 16 日　星期二

三先生偕家眷到蘇。日本陸軍當局今日上午送致我軍一最後通牒，在廿四小時內限十九路軍撤退至一定區域，否則日軍即下總攻擊令。英、美、法、德、義五公使在上海會議調停戰事。

2 月 17 日　星期三

今日無大戰。英使表示和平已稍有進步。偕偌子、亞威樂群沐浴。蔣來電囑偉國等赴湖州。

2 月 18 日　星期四

近二日來有日本飛機五、六架在蘇州飛翔，人心頗為不安。和平會議決裂，日軍司令向十九軍提哀的美敦書，限廿日午後五時前答復。午後到蔣家商議偉國赴湖州。

2 月 19 日　星期五

十九路軍拒絕日本軍司令植田要求，因此日本軍隊或與十九路正式開戰，亦未可知。今晨四時起身到蔣

家，送偉國等到閶門南新橋乘船，六時開船往湖州。六時半到老五團訪憲兵第三團蔣團長。

2月20日　星期六

日本今晨總攻擊，閘北、吳松、江灣三路激戰，雙方主力在江灣。至晚，日本未衝破華軍防線，死傷甚重，日方將再增兵。戰事勢將擴大，前途未可樂觀。上午偕俉子到鄒園購樹。

2月21日　星期日

大戰第二日，日軍又敗，日以主力攻江灣。昨晨余在園中植樹，聞砲聲甚晰，經詢悉有日艦數艘至常熟卅六里之太倉、楊林口用小船登岸，經駐軍迎擊，退回日艦。

2月22日　星期一

【無記載】

2月23日　星期二

晨八時半日機九架襲蘇州機場，投十三彈，炸毀飛機一架，機場開高砲轟擊，隨退去。廟行方面繼續血戰，雙方死傷甚多，日新來援兵開到，在張華濱上陸。

2月24日　星期三

【無記載】

2月25日　星期四

日軍又全線總攻擊，為中日兩軍空前之大戰，以廟行鎮一帶為最激烈，結果尚在支持中。午後偕佶子樂群沐浴。湘君昨日進博習醫院。

2月26日　星期五

日軍昨夜在廟行附近之小場廟又失敗，損失甚巨，午後得增援再反攻，仍無進步。日大批援軍續到滬，日機廿五架今晨飛杭州，我機應戰，射落日機二、我毀二。又日機午後四時到蘇，向封外飛機場投彈，死傷我砲手各一。午後何亞龍等來談。

2月27日　星期六

日大批援軍已到滬，即將總攻。

2月28日　星期日

本日係古曆正月廿三日，湘君于午後六時廿分在博習醫院產生申兒，計重九磅零二兩，約七斤，惟仁非常歡喜。上午偕佶子到鄒園，凌毅然午後來談。

2月29日　星期一

全線均有戰事。江灣日前失守，今日反攻克復。日本白川大將到滬，日援軍十一師、十四師至本日止亦全到。英、美、法斡旋和平，或有一線希望也。午後偕佛安、影毫樂群沐浴。

3月1日　星期二

各線均有戰事，尚未至白川之援軍主力戰，日軍在七鴉口上路，佔浮橋鎮，有已被我軍包圍之說。停戰和議尚無良好結果。上午訪何亞龍，午後何等來談。昨日八字橋方面終日血戰，日軍四次衝鋒，均被擊退。

3月2日　星期三

日軍大隊約一、二萬人在瀏河上陸，因此國軍自動撤退，固守南翔第二道防線。自一月廿八日起至今日止，計卅三日之血戰，發揚民族精神，兵民生命犧牲甚大，功敗垂成，殊深悲痛。

3月3日　星期四

日軍大部在瀏河上陸，翁旅長苦守，吳松勢成孤立。國聯會代議長彭古限日方在三日上午四時前確定和戰。日司令三日午通知英海軍轉告我外部，日軍已於三晨二時停戰。湘君產後發熱。

3月4日　星期五

惟仁偕馴兒等今晨七時赴湖州。李師廣午後來，同到鄒園，又偕佶子訪凌毅然，又樂群沐浴。湘君產後發熱至一百零四度，產門傷口發痛，因小人太重，稍用手術生，馴兒亦是如此。馴是美國醫生接生，亦在該院。

3月5日　星期六

我軍瀏河大勝，盛傳日大將白川陣亡。聞日軍在瀏

河死傷約萬餘人。又聞我軍克滬，大部已到閘北之說。
湘君產門傷口發炎，影響腹痛。據施醫云是傷風。

3月6日　星期日

南翔、嘉定、太倉、楊林口一帶有大戰。上午陳鳴
夏來談，午後在公園散步遇劉道章君。日大將白川陣亡
說不確。湘君發熱已四日未退，今日午後熱度仍高至
一百〇三度。伊精神十分不振，殊令我心憂。

3月7日　星期一

黃渡、嘉定、太倉一帶均有戰事。我方遵照國聯決
議下定停戰。湘君近日熱度甚高，未見減退，使我日來
眠食不安。

3月8日　星期二

兩方入于休戰情況，惟小部隊尚時有衝突。湘君
熱稍減，服痛異常，真正困苦。我注意病人，忘記小
人，據看護云小人吃牛乳吐出，還要吃，總是哭，其慘
可知。

3月9日　星期三

前線仍有步哨戰。湘君熱度正午長至一〇三半，午
後稍退。小人吃牛乳不慣，近二、三日請梅佛安二夫人
白日代乳，夜間仍吃牛乳。梅夫人如此熱誠，心感之
至。擬雇乳母陳高氏，福州人。

3月10日　星期四

南京外交委員會討論和平問題，決遵造國聯大會決議案作解決。此事原則如此，上海和平或有希望。偕佶子等樂群沐浴。湘君服痛未見減退，我心憂之。東三省成立滿洲獨立國，以溥儀為執政。

3月11日　星期五

黃渡、浮橋、楊林口、七鴉口一帶日軍向後撤退，上海將開圓桌會議，和平空氣頗為濃厚。湘君熱度雖稍退，而服痛加重，令人十分著急。又午後何亞龍到觀前。

3月12日　星期六

蘇俄發表宣言，不承認滿洲獨立國。停戰問題尚多周折。

3月13日　星期日

日陸軍省堅決表示反對國聯議決案。今日天寒落雪。湘君熱度時高時低，異常痛苦。午後冷禦秋、趙厚生來談，隨趁車回鎮江。

3月14日　星期一

日本態度強硬，拒絕撤兵。蔣介石將就軍委會委員長。湘君病無進步，今日請李光勛內科醫生負責診治。據李云，確係肺炎。國聯調查團本日到滬。

3 月 15 日　星期二

湘君病自昨日上午十時後，熱度甚低，至夜十二時前至九十八度，至夜十二時後熱度甚高，而氣急而肺痛，實令我坐臥不安。至上午十時後熱又漸低。

3 月 16 日　星期三

湘君昨晚病極危險，大有生死關頭之勢，當與佛安等商議伊之後事。今晨病勢稍為平和，今晨將小人由醫院移至家中。午後九時湘君病勢大減，如不反復，當可漸入佳境也。

3 月 17 日　星期四

據李醫云，湘君病有轉機，惟至十二時稍有反復，我心憂之。本日由醫院請看護來家看護小孩，又加請看護人專門照料湘君，可謂盡人事也。

3 月 18 日　星期五

湘君病勢昨晚與今晨入于安定狀況，據李醫云，情形甚好。午後四時請施醫生為小孩種牛豆。專門看護二人均能盡看護之責。

3 月 19 日　星期六

湘君病今晨忽變化，又入危險狀態。上午十時用愛克司光照肺部，確係病在右肺。入晚精神尚佳，似有轉機。

3月20日　星期日

　　湘君自今晨四時起大變，至上午九時零八分去世。當臨終卅分前，余告伊你的心事，我十二分明白，我對你的事，十二分負責，望你放心，望你多念觀世音普薩，他答不要緊，此語係安余心耶，抑係自以與余尚不致永別耶。又過十分，醫生云已無希望。再請叔仁叔與伊最後話別，告以你桂林家事，禮卿負責，伊已不能答。

3月21日　星期一

　　嗚呼，昨日何日，為余生平最痛苦之一日也。昨日午後六時，由博習醫院將其遺骸移至祇園蟬寺，延僧尼念佛。本日午後二時小殮，原期偕老白頭，孰知昊天不弔，遽而生別。迴想生前情好，死後悽涼，果傷心痛絕乎。然而■死已矣，夫復何言。余■■死父，六歲死母，及其少■■，奔走四方，危險非常。今日如此大痛，何命苦乃爾。

3月22日　星期二

　　午後二時，湘君大殮，從此分離，余心痛矣。湘君極精明、極忠厚，治家勤檢，對人和靄。能作家常粗細各事，與大婦惟仁相處甚洽，尤為難得。其文字係由城都伍伯谷先生教授者，伍常稱贊之。親朋聞其去世，無不歎惜悲傷。伊原籍湖南衡陽，生長廣西桂林，生于清朝戊申年七月初三日酉時，故于陽曆三月二十日九時○八分，即陰曆二月十四日，時年二十五歲。

3 月 23 日　　星期三

上午九時半車偕吳少佑、吳和生、梅光裕到無錫。
午後遊梅園公園,擬明日赴湖州。

3 月 24 日　　星期四

上午偕少裕、和生、光裕遊萬傾堂及元頭,午十二
太湖飯店午飯。乘二時卅分小輪,晚十時到湖洲,住中
央旅舍。

3 月 25 日　　星期五

清晨到李家花園,告惟仁湘君病故,惟仁悲痛非
常。訪戴季陶,在戴家午飯,午後謁陳英士先生墓。晚
間季陶到李家花園閒談。

3 月 26 日　　星期六

趁九時四十分汽車赴南京,季陶來送行。十時卅分
至長興,遇介兄,停車略談,伊赴杭州。我車西行,本
可本日到京,只因汽車誤點及機器損壞,又加道路不
平,乃至午後五時抵溧陽住宿。適友人陳人厚君家住該
處,承伊特別招待,實令我心感之至。

3 月 27 日　　星期日

上午六時半由溧陽單雇一車開京,沿路桃紅柳綠,
奈車身太舊,時停修理,非常困難。至十一時半到京,
住安樂飯店。午後訪高一涵,遇常藩侯君,又訪張佛昆
君等。國聯調查團今日到京。

3月28日　星期一

上午偕石丹生、羅佶子及其小姐遊五洲公園，午後遊靈谷寺。晚八時在陵園晤介兄，商議安徽事，決定由余出任省主席。晚九時賀貴嚴來談，又謝貽翔由句容來。

3月29日　星期二

上午九時至中央大禮堂出席黃花岡革命先烈紀念，在第一會議室與汪精衛、蔣介石會商改組安徽省政府及委員人選。午後偕丹石、少裕遊覽林園。晚間在靜江處晤程振鈞，請伊擔任建設廳。

3月30日　星期三

上午八時偕吳少祐訪介兄。午後何克之由安慶來，請伊擔任財政廳。又張君謀介紹葉元龍來見。伊在美國留學，現任中大教務主任，請伊擔任教育廳。

3月31日　星期四

上午偕何克之、羅佶子、張亞威遊覽五洲公園及明陵、中山公園。午後訪靜江。亞威在張佛昆家請吃晚飯。上午九時到行政院將委員、廳長名單交秘書長褚民誼轉交汪院長發表。

4 月 1 日　星期五

偕佶子、亞威、光瘦趁上午十時卅分車，午後七時
到蘇。

4 月 2 日　星期六

上午到安樂園。午後低園寺。行政院今日議決發表
我為皖省府主席，羅良鑑民政廳長、何克之財政廳長、
葉元龍教育廳長、程振鈞建設廳長、張亞威保安處長，
光昇、江彤侯、吳叔仁委員，石國柱秘書長。

4 月 3 日　星期日

上午到安樂園，看湘君墳工。午後偕殷紹乘到安樂
園參觀工程。石丹生晚間到蘇。

4 月 4 日　星期一

今日計劃安葬湘君，擬明晨出喪，葬安樂園。在佶
子家午飯。午後偕殷紹乘樂群沐浴。

4 月 5 日　星期二

湘君于本日上午十時安葬于安樂園。高季堂午後到
蘇。惟仁與馴兒由湖州回蘇州，因不見湘君，悲痛異
常。本午在祇園設素席謝客。

4 月 6 日　星期三

本日結算湘君喪事用項，連醫院賬在內，共用三千
五百餘元。以我現在經濟情形，萬難用此巨款，以我及

惟仁對湘君感情，又不得不如此也。計衣衾、棺木、經
懺、抬力及雜用約一千七百元，醫院約三百元，墳水泥
約三百八十元，墳之石工約一千元。

4月7日　星期四

　　回拜李廣勳醫師及程冰如君。午後余維之、何亞
農、陳淮鍾諸君來談。與偕子諸君會商，決定九日赴京
謁見當局，即赴皖就職。

4月8日　星期五

　　偕顏先生回拜杜堯民君。準備赴皖。

4月9日　星期六

　　老友殷紹乘兄代備花車，掛九點半車開往南京，同
行有羅偕子、張亞威、吳叔仁、石丹生、殷紹乘、梅光
裕。午後二時到鎮江停車，往訪李思廣，遊公園，殷府
晚飯。趁七時車，九時到京，梅住大華飯店，我住安樂
酒店，與何克之、吳少祐等談話。

4月10日　星期日

　　上午八時晤介兄，遇戴季陶、陳少寬。十二時戴約
午飯。午後訪于右任、陳真如。陳雪軒來電歡迎。本日
移住建委會招待所。戴季陶、陳立夫赴洛陽，午後五時
至戴家送行，並請季陶代書湘君墓碑。又晚會嚴維揚、
李用賓等。

4 月 11 日　星期一

　　午後三時半偕安徽新委各廳長謁蔣委員長，晚九時會金幼洲、李次宋、張海洲等。

4 月 12 日　星期二

　　上午八時偕吳少裕訪姚味幸、李潤潮、何敬之等。十時到蔣宅出席浙、蘇、皖、贛四省主席及各廳長會議。午十二時與各主席等在蜀峽飯店午飯。晚間在大華飯店見客，大都求工作而又多無學識，真真難以位置。

4 月 13 日　星期三

　　上午九時仍至軍官學校、蔣宅出席四省會議，在蔣宅午飯。午後回拜余田侯、陳沅撫、唐伯平。午後六時陳超衡（號卓甫）請晚飯，又熊天翼在勵志社宴客，並商四省會議事宜。偕李思廣到中央，與佶子談話。

4 月 14 日　星期四

　　九時仍蔣宅會議，仍關于應興應革事宜。蔣請午飯，除四省主席、廳長，並有方聲濤等在坐。午後與佶子、影毫、佛安、丹生等研究省府人員分配。晚間偕殷紹乘看范二嫂，係鴻仙之夫人也。

4 月 15 日　星期五

　　上午九時江、浙、皖、贛四主席及四省廳長訪汪行政院長，談四省民、財、教、建四大政治。十一時偕吳少裕訪介兄。午後訪陳真如。擬明赴皖。

4月16日　星期六

上午十一時偕民廳長羅佶子、財廳長何其鞏、教廳葉元龍、建廳程振鈞，乘安豐兵輪赴安慶，並祕書長石國柱及梅光裕等。

4月17日　星期日

上午九時到安慶住大旅社。陳雪軒來談，隨即回拜雪軒，並在雪軒處午飯，接洽交代事宜。皖省財政困難，大有水盡山窮之勢。

4月18日　星期一

上午訪陳雪軒，即在陳處午飯。本擬今日接省府事，只因火食及公費無著，不得不延長時日。財政之難于斯可見，擬改廿日接任。七時到陳仲孚家晚飯。陳雪軒九時來談，起程赴京。余此次來皖，一切平和忍耐，不如此不足以應付現時之環境也。

4月19日　星期二

清晨偕亞威到通志館，九時在大旅社會客。十時至陳仲孚家午飯。午後由大旅社移至省府後花園居住，此處有陳新建之住宅一所，設備完全，為安慶全城所未有。值此天災人禍，余住華屋，余心實不安也。

4月20日　星期三

上午九時接省政府事，各廳同時接事。午後三時開談話會，第一難關在財政，各機關政費、薪水積欠數月

未發，各縣可提之款業已寅支卯糧。午後接見安大教
職，該校因款項無著，停課至今，求即日發款開學。

4 月 21 日　星期四

　　上午九時至十二時會客，約共五十人，所談者不
外乎求工作、求生活而已。社會失業之多，為從來所
未有。而昨年水災，人民流離失所，當此青春不接之
際，食樹皮與草根甚多。吾人未能即時設法救援，殊深
慚愧耳。

4 月 22 日　星期五

　　上午九時至十二時開省務會議，午後二時開談話
會，商議進行蔣委員長改進江、浙、皖政治之主張。三
時往拜吳性元、周堯階、陳演生。四時會郝旭東，談皖
省軍事政治。此人極其忠實，可辦大事。

4 月 23 日　星期六

　　上午會客，約四十餘人，其中多無專門學問，而生
活多屬困難。以現在省府財政情形，實無談位置此等人
物。又接見縣長數人。午後會凌鐵安、孫品驂等。

4 月 24 日　星期日

　　上午會陳眾孚。招待邱于寄，此人係老同志，由林
子超、陳真如介紹來皖，無法位置。現在各縣土匪紛
起，人民流離失所，無衣無食到處皆是。午後江委員彤
侯由滬到省就省委，此人老成持重，在皖教育界有年，

與我作二小時談話，甚為相洽。

4月25日　星期一

上午九時記念週，演說剿匪、救災、理財、整頓吏治四大政策，午後會客。高等法院長陳福民請吃晚飯。參觀建、教兩廳。回看江彤侯。

4月26日　星期二

上午九時到財政廳晤吳光祖，擬委為本府參議。九時省府開會。午後往弔劉亮章令弟，並訪李運啟。三時約安大新舊校長及財、教兩廳長開談話會，討論該校欠款事。

4月27日　星期三

九時五十時會客，約三、四十人，均係求工作，只因財政困難，實無法安置。十時開談話會，討論蔣委員長政治改良方案如何推進之程序。

4月28日　星期四

九時會客，約有五十人，多係各方推薦。現在失業日多，均來政治謀生活前途，非常危險。十時見安代表，談清理欠薪事，彼等無理要求，幾至衝突。學風之壞，于斯可見。光委員明甫今日府，又晚間與佶子等談時局。

4 月 29 日　星期五

上午九時開會。午後與江、光二省委作長時間談話，討論將來推進政治之方法及禮聘人才。本日日本軍政要人在上海虹口公園舉行天長節慶典時，忽被一朝鮮人拋擲炸彈，白川、植田、野村、重光、村井均受重傷。

4 月 30 日　星期六

上午會客。午後與何財廳討論財政。午後二時閩、粵、贛剿匪總司令何應欽與江西省主席熊式輝赴贛，過此來訪，陪同迎江寺、臨湖公園等，六時開輪西上。又會本城伸界舒鴻貽、潘怡然，談商辦本城電燈事宜。

5月1日　星期日

上午八時回拜省委光明甫。午後二時開茶會，招待各團代表廿餘人。各代表詢問將來政治方針，均以滿意答復。晚間與何克之研究財政，討論委員會事宜。

5月2日　星期一

九時記念週，由何克之報告財政情形。十一時偕亞威、仲孚乘汽車到集賢關參觀劉桐閣經辦之教導團，適該團週年記念運動會。午後二時回城。三時至五時會客。安大教職員來府請發欠薪，由光、江、葉諸委接洽，無結果。

5月3日　星期二

九時開省務會議，通過財政委員會規章及該會委員人選。午後會客。現在各方來人謀事日多，旅店人滿，實無法安置。而財政困難，更無力招待，也不能滿足人意，實出于無可如何也。

5月4日　星期三

九時見客，約四十餘人。午後與佶子、亞威討論鴉片煙特稅，因煙之害甚於紅水猛獸也。晚間與陳雪軒代表范憫黔談煙稅，我力主取銷皖南北鴉片煙特稅，不如此不足以對吾皖三千萬人民。又何克之晚間來談赴滬籌款。

5 月 5 日　星期四

會客。午後曹纕蘅由北平來，擬請伊在秘書方面幫忙。中日上海停戰協定簽字組共同委員會，由英、美、法、義代表及中日代表組織之，證明日本之撤兵。如此雖告【後缺】。

5 月 6 日　星期五

九時開省務會議，財廳以宣城未能依限解款，請將縣長記過罰薪。張委員以不合法規，與何廳長大起爭論，結果照原案通過。何克之本晚赴滬籌款，陳仲孚請吃晚飯。

5 月 7 日　星期六

上午會客，約三十餘人。午十二時約郝旭東、劉桐閣、陳仲孚、郝團長等在省府午飯。佶子、亞威本晚赴合肥晤陳雪軒，磋商皖省一切政治問題。

5 月 8 日　星期日

上午會陳子峰等。約曹纕蘅、江彤侯、光明甫、陳福民等午飯。陳雪軒、王鈞軍隊在六安剿匪失利。叔仁本晚赴滬接待季文。舒城縣長告急，陳軍紛紛敗退。

5 月 9 日　星期一

九時記念週，葉元龍先生演講經濟建設。十時與建廳長陳發甫先生談築路事。午後回拜舒鴻貽先生。

5月10日　星期二

九時開省務會議，又建廳須公費二千元，財廳無法支出，其財政之困難可想而知。由余作保，代建廳向上海銀行息借二千元。

5月11日　星期三

上午會客三十餘人。廿五路總指揮梁冠英代表曾曉淵到皖，派梅光痩招待，並在省府請吃晚飯，有教、建兩廳作陪。六、霍匪共猖獗，陳、王兩軍失利甚巨。兩廣當局通電反對上海中日停戰協定，前途荊棘，未可樂觀。

5月12日　星期四

上午會客。正午十二時請合肥同鄉黃佐平、許應年、孫品三、趙云龍及舊部張海洲、宋世科、王先友、常指南等。午後仍會客。中央來電派兵增援合肥，並派兵來安慶。

5月13日　星期五

昨午正陽失守，霍邱、壽州告急。九時開省務常會，因不足法定人數，改為談話會。舊部陳人厚到省，委為省府諮議。第五師獨立旅長兼九江衛戍司令陳鳴夏到省，晚九時與伊談話。又午後晤余田侯。

5月14日　星期六

九時會客。正午十二時請陳鳴夏便飯，李應生等作

陪。晚九時偕影亳訪鳴夏。

5 月 15 日　星期日

上午十時，安徽高等法院院長陳福民行就職宣誓典禮，余代表司法行政部監誓。午十二時請吳性元、周堯階、余田侯、陳紫峰、徐炎東等便飯。羅佶子、張亞威本日由合肥回省，結果尚佳。陳贊成取銷皖南北鴉片煙特稅，但須一月後實行。

5 月 16 日　星期一

上午九時記念週。第三十三旅陸續到皖，將向桐城、舒城一帶推進。昨晚東京發生暴動案，政友會總部、警視廳、日本銀行、宮內大臣私邸均有炸彈爆發，首相犬養毅連中兩槍，因傷重逝世。在役軍人事後十八人自首。

5 月 17 日　星期二

九時開省務會議。季文晚十一時到皖。第卅三旅全部到皖，擬明日向桐城推進。第一師胡宗南部亦將陸續到皖，此皆精銳之部隊，對于六安、霍山、霍邱、英山一帶匪軍，當不難肅清也。

5 月 18 日　星期三

九時會客。

5月19日　星期四

九時會客。晚九時會第一師副師長彭進之，磋商該師開赴舒城集中事宜。

5月20日　星期五

九時開會通過王鳴義為休甯縣知事，舒傳軾銅陵縣知事。

5月21日　星期六

上午八時偕民廳長羅佶子、建設廳長程振鈞及工程師查看江堤工程，王季文兄同行。經過馬家、廣濟坊、棕陽、喻家樓、掃帚溝、桂家壩、永豐圩，工程浩大，工事尚佳，誠不易之舉也。午後七時到大通，隨遊覽街市，回船住宿。羅廳長是夜回安慶。

5月22日　星期日

上午五時啟輪，經六百丈、戴家、龍潭一帶查看江堤。午後五時過蕪湖，隨開輪東下，夜十一時到南京，少佑、叔仁來接，即住平倉享二號少佑公館。

5月23日　星期一

上午何克之來談財政情形。午後偕吳少佑遊覽陵園。晚九時在安樂酒店晤獨立第卅三旅旅長。九時半往張靜江、張溥泉、李石曾等，大家對時局多抱悲觀。

5 月 24 日　星期二

上午在大華飯店會安徽省黨務特派員佘凌云等七人。午後三時會蔣委員長，談半小時。蔣于晚八時請酒，並有王季文等在坐。蔣與王因政見不合，不見面已三年餘矣。九時在安樂酒店，何克之、王季文等談話。

5 月 25 日　星期三

上午八時中央飯店訪張岳軍，九時偕何克之訪汪院長精衛，談安徽財政，請求接濟，彼允囑財部幫忙。午後偕季文訪潤潮、黃季寬、張靜江等。晚七時在白宮請張岳軍、吳少祐夫婦及季文、克之等晚飯。

5 月 26 日　星期四

上午張靜江、李石曾、顧墨三先後來談，褚銘誼請吃午飯。午後程建設廳長由安慶來，陳果夫、陳立夫請晚飯。飯後到安樂酒店與季文、克之談，又蔣委員長嚴令取銷皖省煙稅及鹽附加。

5 月 27 日　星期五

上午八時偕季文訪介兄談時局，並談安徽政治。午後五時訪蔣雨岩，談日本外交情形。又訪高曙卿公使。晚七時行政院長汪精衛請吃晚飯，有黃季寬及瑞士公使吳愷聲等在坐。

5 月 28 日　星期六

上午八時到安樂酒店會奚倫。九時往晤宋子文，等

一時半之久，未見，回來。午十二時在蜀峽飯店請黃季
寬、何千里等午飯。午後蔣雨岩來談，陳慶云請吃晚
飯，有柏烈武、徐靜仁、高一涵、石銀生等在坐。

5月29日　星期日

上午八時偕吳少佑、王季文遊覽陵園及譚祖安墳。
午後三時在北極閣宋公館訪宋子文，談皖省財政，毫
無結果。月底已至，而節關又屆，一文莫有，令人心急
如焚。

5月30日　星期一

上午約蕭紉秋談話。午後偕蕭同往訪邵元沖、居
覺生。

5月31日　星期二

上午八時偕季文訪介兄，談接濟皖省政費，毫無結
果，大為失望。節關在邇，應付為難。午十二時何克之
在白宮請午飯，有葉元龍、程發甫、蕭紉秋，並在中央
飯店晤王維宙。往訪張靜江、李石曾等，擬明回蘇州。
叔仁赴安慶。

6月1日　星期三

　　上午七時半車，下午三時半到蘇州，車中遇吳岐。至家馴叔、申叔等均好，甚為欣慰，然缺少湘君，不覺令我心傷。

6月2日　星期四

　　午後到安樂園看湘君墳工程，又到曾影毫家。

6月3日　星期五

　　上午未出門。羅太太請吃午飯，擬請羅大小姐任家庭教師。午後五時劉道章偕趙君來談皖北匪情。六時偕馴兒遊公園。又張家瑞過六十歲，偕馴兒前往慶祝。擬明日赴京回皖。

6月4日　星期六

　　趁上午十時車，午後五時半到京，住平倉巷二號吳宅。晚九時往晤張靜江先生。又第四師司令部副官尤開運來談蚌埠公安局腐敗情形。徐師長擬保尤君接充該局事宜。

6月5日　星期日

　　上午往訪陳景虞、陳超衡、陳立夫、陳果夫。午後訪柏烈武，又午後偕光庾等遊覽紫金山，又會第四師副官几建五、安徽菸酒印花局方鵝先。晚九時往晤介兄，又往訪張文白，談甚久。又宋子文辭本兼各職，交通部長陳真如亦辭職。

6月6日　星期一

上午五時起身，六時至下關乘長興輪返皖。九時開船，下午四時過蕪湖，船中遇蔣君羊、孫美鴻，孫係三北公司九江經理。此次到京，旬日向財部請款，一文莫名，不過將煙稅取銷，稍可差強人意。何克向滬銀行界借得二十萬元，節關可免強度過。

6月7日　星期二

上午六時到安慶。連日教育界及黨部索欠薪，包圍財廳，殊屬不成事體。但索款者理所當然，而財廳無法應付，亦屬事實。

6月8日　星期三

上午十一時蔣委員長乘應瑞兵艦到安慶上岸，到省府。午後一時啟輪西上往漢口指揮剿匪事宜。本日端午節，各委員在省府午飯。

6月9日　星期四

上午會客，計七十餘人，皆係求飯吃、求工作。來客情有可原，政府無法位置，亦是事實。社會之不安定，皆因失業過多也。

6月10日　星期五

上午九時開會，通過張本舜為省會公安局長、梅佛菴大通公安局長、王先友長淮水上公安局。午後會商會代表。

6月11日　星期六

上午九時成立財討論委員會，關于財政之興革，皆在此會決定，而政治之推進亦在此會之結果也。午後與安大校長討論整理該校。晚六時請唐萱庭、藍軍恆、吳振黃等晚飯。

6月12日　星期日

上午陳眾孚、唐萱庭、劉天達來談，又與大學校長陳演生討論大學校長事宜。午後三時會新省會公安局長張本舜。晚間七時陳眾孚約晚飯。又于午後四時會自強軍艦長沈肖韓。

6月13日　星期一

上午九時記念週，由工振局長裴益祥演講最近工振情形。午後接見新野縣長趙華三及大學校長程演生等。連日太湖、宿松告急。

6月14日　星期二

上午九時開省務會議，偖子清晨赴九江出席豫皖鄂民廳建廳公敘。午後見安大教職員代表。又見王世鼐等特約客。

6月15日　星期三

上午見客，約七十人。十二時請本省財政討論委員會及省府各委員午飯，藉此聯歡。飯後照相留作記念。

6月16日　星期四

上午十一時省黨部特派員到省，特赴江干迎迓。午後會黃浦學生會王均、軍長黃雄旅等代表。影毫今日返蘇。得家信，申叔發熱，出痧子。

6月17日　星期五

上午七時見省黨特派員佘凌云、張德流，商將開省務會議【後缺】。

6月18日　星期六

何財廳長克之昨夜留函不辭赴滬，聲言籌款，以致省政愈加困難。晨七時見黨部王秀春等，午後與財政討論委員會開談話會。又會高蔚軒、李公采、張克堯等。晚間見慎之弟，談家鄉情形。

6月19日　星期日

清晨會茅延椿及大學校長陳演生等，又會王世鼎等。十一時光明甫、江彤侯在迎江寺請客，余親往作陪。午後四時接見皖北紳士李輔庭等。又上午見陶竹軒、葉守乾等。本省財政困難，得于極點，社會經濟亦復萬分拮据。來日大難，正不知如何渡過也，我心憂之。

6月20日　星期一

上午七時至八時見客。九時記念週，秘書長報告最近政治情形。十二時高畏仙、李輔庭等午飯。派謝趫民

到上海挽留財廳何克之。皖西善後專員唐萱庭先生今日
赴滬，即赴合肥就任。

6 月 21 日　星期二

清晨見家鄉客人。九時開省常務會議。佶子由牯嶺
會議回省。

6 月 22 日　星期三

上午九時到省黨部出席第一次特派員會議，余任主
席。因委派黨務各科主任及秘書，各特派員頗有爭執，
經余多方運用，終以表決多數了結。其爭權利負義氣，
于此可見。午後見客。

6 月 23 日　星期四

上午八時半開談話會，討論財政，決計緊縮，以維
來日大難。並討論將各縣所屬各局改科，並擬將最不滿
人意之各縣公安局及區長一律取銷，以安人心。

6 月 24 日　星期五

上午九時開會。清早見潘山春等，程發甫由滬回。

6 月 25 日　星期六

上午見客，九時開會。孫發緒到省，孫前任定縣模
範縣長，又兩任省長，此次擬請其出任合肥首席縣長。
自民十三以至今日，過去之政治多難得人民之同情，惟
有請年高有德或素有聲譽者，而挽回人心之一法耳。

6月26日　星期日

清晨見客。午十二時在迎江寺請姚仲實、李範之、李發■諸先生。姚年七十二，桐城人，經學專家。亞威由蘇回省。晚間七時請朱宗海、趙經世、憲兵團長張本清等晚飯。

6月27日　星期一

九時在省黨部主席開擴大記念週。午後接見羅團長歷、戎桂教、練運昌。

6月28日　星期二

九時開常務會議，通過首席縣長規則。晚間請李達夫、李公采等晚飯。今日省黨部新舊職員因經費問題發生爭端，彼此用武，經派公安局長前往調處，風潮始定。

6月29日　星期三

皖省財政之困難，為從來所未有。皆因前政府增加預算，比十七年度多五百萬元，更以昨年大水為災，收入大減，以至無法應付，不得不特別節流。本日開兩次會議，決從七月一日實行緊縮，然被裁職員均無過失，只經費所關，實有不得已之苦衷也。

6月30日　星期四

會客。省府實行裁員。

7月1日 星期五

上午會客。交部次長俞飛鵬上午十時到省，午後三時開剿匪運輸會議，由俞主席。

7月2日 星期六

上午會客。葉廳長請午飯。吳少佑到皖。晚七時省府招待俞次長飛鵬。

7月3日 星期日

上午會客。十時送俞次長上江華輪赴漢口，並在輪中遇張岳軍、楊永泰等。

7月4日 星期一

上午見客。午後開談話會議，決數要件案，關係省府前途甚巨。一、發築路公債五百萬元。二、發表首席縣長，全省分十區。因以六十縣為單位，行政上實有種種不便。三、石丹生出席縣長，以曹經沅繼任秘書長。四、財廳何克之不辭而去，議決以教廳長葉元龍兼代。何少年氣燥，與同人意見太深，余無法掩護也。

7月5日 星期二

上午十時偕吳少佑及梅光裕趕黃浦輪赴漢口，夜十時過九江。

7月6日 星期三

午後六時到漢口，住太洋飯店。晚間何雪竹、蕭紉

秋來談。余民十七年先後兩次到漢，第一次係甯漢分立，由余調解出兵討逆，完成北伐，統一中國。余隨蔣介石兄由甯來漢，北上勞軍，武漢桂派熱誠歡迎，可謂國民黨全勝時代也。第二次係南京會議發生意見，又經余調解而平息，惟恐李宗仁兄對南京方面有誤會，余特親送李君來漢，余即轉車北上擔任裁兵事宜。今次到漢，因連年內戰，又加昨年大水為災，以致土匪紛起，人民流離失所，無以為生，更加日軍佔我東北，真所謂內憂外患也。較之民十七年情況，大有天壤之別也。

7月7日　星期四

偕少佑遊覽市外，並中山公園，回拜漢口市公安局劉德裕。十時應介兄約，因伊事冗，未能多談。午後四時再晤談。晚間何雪竹請吃飯，有徐克誠、張岳軍諸君在坐。

7月8日　星期五

上午徐克誠來談。十一時偕少裕訪介公，談外交事宜及皖省財政問題。又往訪李書誠，劉問之請晚飯，有何雪竹、張岳軍、夏斗寅等在坐。擬明晚回安慶。

7月9日　星期六

上午回拜漢口警備司令葉鵬及副軍長馬海嶠。午後訪馬福祥，又遊覽江邊。鄂主席夏斗寅請午飯。又午後七時偕蕭紉秋在劉少岩家便飯。八時半上江順船，九時開輪。劉問之、李國楨等來船中送行。

7 月 10 日　星期日

上午八時到九江，下午五時到安慶。適首席縣長石國柱、孫發緒二君亦乘此船，分往鳳陽、合肥到任。

7 月 11 日　星期一

九時記念週。本日會新任縣長孫需方、向道成等十餘人。

7 月 12 日　星期二

清晨會鮑文燦女士等。午後會嚴副旅長等。上午九時開常會，通過取消特種營業稅，取銷各縣區長，成立安徽水利工程處。

7 月 13 日　星期三

派建設廳程廳長赴南京辦理發行築路公債事宜。

7 月 14 日　星期四

兼財廳長葉元龍赴京接洽財政，若無辦法，惟有總辭職之一法耳。

7 月 15 日　星期五

上午七時到省黨部，回看中央黨部代表。九時開常務會議，派梅佛安蕪湖公安局長、張廷才大通公安局長。午後晏警備第二旅全體中級以上軍官。

7月16日　星期六

上午見中央黨部代表終煥魚，又見盛汰頑等。中央軍克復霍邱縣。午後七時在省府晏劉道章、石人俊等。

7月17日　星期日

上午見梁總指揮冠英代表郝鵬舉君，該軍由江北移合肥、六安一帶剿匪。曾秘書學孔今日到省府任事，此人少年英敏有為。

7月18日　星期一

上午九時記念週，王科長演講自治。近日天氣甚熱。上午與大學校長程演生談該校整理事件，並該校經費問題。

7月19日　星期二

上午九時開常務會，通過教廳更換校長案。

7月20日　星期三

上午接見老友楊世傑，又見楊鳳岡、許凝生等。許年廿六，甚聰明，由曹纕蘅介紹，先委省府科員。日軍犯熱河，政府一籌莫展，坐失時機。

7月21日　星期四

上午接見方仲謀等。季雨農起身返里，送川資四百元。伊因我財政困難，一再不收，我則出于至誠，乃收之。以現在情況，四百元等于四千元之使用也。吳少祐

由漢回京，晚八時船過安慶，特親往與伊晤談，九時開
船東下。

7月22日　星期五

九時開常會。接見盛汰頑等。光庚請暇十日，回蘇
定親。

7月23日　星期六

清晨見客。十二時接見省黨部特派員諸君，要求經
費及黨案等事。

7月24日　星期日

上午仍見客。午後休息。

7月25日　星期一

上午見客。九時記念週。午後接見汪精衛介紹之劉
煦（號旭光）、桂丹華、謝仁釗。劉係裕繁鐵礦監督，
桂係安大教授，謝係省黨委，均係青年。又見徐中岳，
徐少年有為。連日天氣甚熱。

7月26日　星期二

上午九時開常會議，廿一年度預算收支不敷約三百
萬元。接見趙國源、汪開元、張則民等。華北各將領將
開會討論華北問題，時局或有新發展也。

7月27日　星期三

上午見客。

7月28日　星期四

上午接見盛汰頑、汪培實等。九時出席廿一年度預算審查會。午後第四師參謀長盛莘農，又接泗縣首席縣長柯開云。

7月29日　星期五

上午接見高子培等。九時開常會通過廿一年度預算，又更換太和、靈壁、婺源等縣縣長，張則民任太和，王肖山任靈壁，劉炎任婺源，劉年少有為。

7月30日　星期六

上午接見李次宋、張仲掖、凌介侯等。午後接見王德鈞等。又向天植、天幹、道叔、國書訓話，伊等除道叔學陸軍外，其餘雖在大學畢業，而學術實覺疏淺。特囑伊隨時自行補習，以資深造，並命伊等每日習小字二百個，以養身心。限每禮拜六將小字送余親閱。

7月31日　星期日

上午七時向敬叔姪訓話。近日天氣非常炎熱，虎疫流行，如再不下雨，則合、壽、鳳、潁一帶將成赤旱。

8 月 1 日　星期一

九時記念週。接見王琢之、丁相靈等。北平政會大會宣言，不外整頓地方、收回失地。而日軍進犯華北及熱河，尚在積極未已也。

8 月 2 日　星期二

九時開常會。接見余澄、張鼎家、李公采等。李到此數月，未能位置，特送川資百元。

8 月 3 日　星期三

上午見客。天久不雨，災象已成，時疫流行，死亡枕藉。民生之苦，未有甚于此時者。所最難者，去年大水，今年大旱。皖省財政已陷絕境，而供應仍極浩繁，奈何、奈何！

8 月 4 日　星期四

見客。天氣酷熱，將一月未雨，秋收無望，我心憂之。午後接見盛汰頑、盛心農，談霍邱善後事宜。

8 月 5 日　星期五

九時開省務會議。去年大水為災，今年又有旱魃，而各縣土匪未清，哀我同胞，其何以堪。現在積極整頓保安隊，使各縣人民有自衛能力，否則全恃軍隊，實不可靠。所謂兵去匪來，兵來匪去也。

8月6日　星期六

上午接見李次宋、馬維騄、李祝臣、陳榮庭等。蔣總司令組織安徽保安處，擬即照辦。程建廳長由滬回省。

8月7日　星期日

清晨接見天植、天幹、國書、文叔、敬叔、和俊諸姪及振宗姪孫，訓伊等猛力讀書，最好學有相當職業，易于謀生，否則學政治等等，社會甚少出路也。天時不雨以月餘，午後六時大風大雨，天氣稍涼。就嫌雨量太少，不足以救田禾，奈何、奈何！

8月8日　星期一

建設廳長程弢甫昨夜二時患腦充血急症病故。程君留學英國，習土木工程，品行學問以及在實業界之成績，不但為本省人所欽仰，即在全國亦不多得之才。于清晨六時偕羅佶子先生等親往視弔。九時省府記念週，靜默三分鐘，以表示同人哀悼之意。

8月9日　星期二

清晨接見沈于修、張拱辰等，九時開省務會議。保安隊教練處改為保安處，以張亞威、徐中嶽為正副處長。行政院汪院長精衛通電下野，時局不免搖動。

8月10日　星期三

到皖將四月，尚未出遊，今晨梅光庚遊覽大觀亭、

菱湖公園，並遇蔡丙炎。午十二時在大土閣請張拱辰、李次宋等午飯。午後六時接見胡師長宗南及其副師長、參謀長等。

8 月 11 日　星期四

上午十時訪胡宗南。十二時大土閣請胡宗南等午飯。

8 月 12 日　星期五

清晨公祭程弢甫先生。八時訪胡宗南師長，談警備旅事。

8 月 13 日　星期六

午十二時卅分偕梅光祐由安慶乘飛機赴漢口，三時○五分到漢，住德明飯店，在機中發暈，精神異常疲困。晚間乘汽車吹風，覺風中熱氣甚多，夜間熱不能眠。

8 月 14 日　星期日

午前八時在怡和村晤介兄。午後參謀長曹浩森、副官長陳希曾及湖北特稅局長黃振興。晚八時上江安輪赴九江轉牯嶺，九時開輪。船中遇徐慶譽，係湖南瀏陽人，研究哲學，頗負時名。

8 月 15 日　星期一

八時到九江，警備司令陳鳴夏兄來接。伊隨派汽車親送至蓮花洞，八時半乘轎上山，十一時到牯嶺，住

六一號牯嶺飯店。李協和、劉一公二君來接，隨留午飯。山上與山下之天氣之比較，約差廿五度。

8月16日　星期二

清晨往訪李協和、徐俊人、林子超，途中遇介石兄，介係昨晚到牯嶺。午後偕光庾步行遊覽大林寺、御碑亭、仙人洞、大池寺，過大天池至黃龍寺，沿途風景頗佳。七時回飯店。晚間到胡金芳旅館回看陳鳴夏司令。今日午後四小時間步行卅里，尚不覺疲勞。

8月17日　星期三

上午訪西江西主席熊天翼兄。下午五時介石約談話。六時訪林主席子超先生。

8月18日　星期四

上午遊三疊泉。下午遊含鄱口，該處一面漢陽峰，一面五老峰，正面鄱陽湖，風景極佳，可為盧山之冠。歸途再遊黃龍寺。

8月19日　星期五

上午訪何敬之，又黃大偉來談，謝蘅牕請吃午飯。午後偕黃大偉遊山，並到黃家回拜。六時訪吳稚暉先生。晚七時介石約晚飯，有吳稚暉、何敬之、朱益之、熊天翼等在座。

8 月 20 日　星期六

清晨訪吳稚暉、何敬之、朱益之，午後偕黃子蔭訪劉成愚。又途中遇汪精衛，汪云明日回京，如此政局目前不致變動。又回看王又庸、徐慶譽。又上午與熊主席式輝暢談政治。晚九時何敬之來談。

8 月 21 日　星期日

上午由六十一號移一百○六號。午後三時訪徐俊仁、陳卿云，談皖西善後事。五時廬山管理局長劉一公在胡金芳飯店請酒，有徐、陳等在坐。張學良下野，華北組織軍事委員會分會，接管軍事。

8 月 22 日　星期一

正午十二時謝衡熙請午飯，有黃子蔭等在坐。午後訪上官雲相。晚徐少秋請酒，有劉之陸等在坐。

8 月 23 日　星期二

上午七時下山，九時到九江，住花園飯店。午十二時孫美鴻、林玉華請午飯，有四明銀行孫衡甫等在坐。午後二時上長興輪，三時開船，晚九時到安慶。

8 月 24 日　星期三

本日未會客，專看函件。

8 月 25 日　星期四

上午會客。午後會王葆齋。警備第二旅旅部取銷，

所屬部隊歸保安處接管。

8月26日　星期五

清晨見孟芸生、鍾冰等，九時開會發表余澄祁門縣長。午後見王葆齋等。六時約獨立第卅三旅旅長唐雲山及王葆齋等晚飯。又接見旅長李晏清。

8月27日　星期六

清晨接見民黨老同志朱雁秋、李次宋等。又見夏馥棠、劉道章等。

8月28日　星期日

上午見客。往看光委員病。到省黨部與各委員談話。昨日警備團在桐城、舒城間之湯池與匪戰失利，桐城縣長負傷。

8月29日　星期一

九時記念週。連日土匪擾亂桐城、舒城、合肥、廬江一帶，所過村莊鎮市洗劫一空。余為當局，將何以對人民。獨立第卅三旅唐雲山旅長清晨六時來府討論進剿之方，現決先調特務營先往增援。皖西善後專員唐啟堯到省辭職。

8月30日　星期二

清晨接見無為代表盧仲農等，討論剿匪事。九時開省務會議。午後專研究剿匪事宜。本日常會通過以王葆

齋為合肥首席縣長。

8 月 31 日　星期三
　　【無記載】

9月1日　星期四

清晨見客。中央派卅三旅擔任舒城剿匪。季文今晨到安慶。晚間晤程振基。第卅三旅歸省府指揮，省府守衛憲兵調回南京，改卅三旅守衛。

9月2日　星期五

九時開省務會議，通過六安首席縣長以盛士恆擔任。與唐旅長剿匪事宜。

9月3日　星期六

季文回上海。接見廬江代表。接見保安處派往各區點名委員。唐旅長今晨出發桐城。

9月4日　星期日

上午休息。午後六時設晏為李旅長振海送行，約在省，卅三旅軍官作陪。萬惡之張宗昌在濟南被仇人鄭志成刺死。

9月5日　星期一

上午九時記念週，報告剿情形。午後見客。

9月6日　星期二

八時半開省務會議，十時為故廳程發甫點主，此為余生平第一次之經驗，誠中國之古禮與古習慣也。午後接見霍邱縣代表。

9月7日　星期三

上午見客。派熊公烈往廬江視察地方情形。連日專心計劃剿匪事宜。晚八時接見建設廳新廳長劉貽燕兄，此人英國留學土木工程，與前廳長程發甫係至友，當可繼程之遺志也。

9月8日　星期四

上午八時到建設廳弔故廳長程發甫兄。九時遊菱湖公園，十時到江邊送發甫靈柩。伊原籍婺源，改籍無錫，伊留學英國習土木工程，頗有建設能力，性情亦極和平，遺下五男二女，悽慘萬分。

9月9日　星期五

上午八時接見李誠安先生。九時開省務會議。十時接見李子寬先生，並留午飯。午後再與子寬談話，伊于五時乘輪赴南京。得前方報告，桐、廬之之匪回竄舒城西北之山南關老巢。

9月10日　星期六

上午見客。

9月11日　星期日

午十二時亞威約在西門外鳳歧山宅午飯。午後接見江彤侯、王葆齋。江由滬回，王亦由滬來，將赴合肥任首席縣長。

9月12日　星期一

九時記念週。

9月13日　星期二

上午九時開省務會議，通過大勝開米捐改良章程，增加至二百萬元，其他蚌埠、蕪湖尚不在內。

9月14日　星期三

上午會客。余此次回省，遇事大公無我，積極為民除害，數月來自問于心無愧。而有少數分子因所求不遂，散發無名傳單，殊為可笑人矣。皖省難治，此語真不虛也，惟有本良心與責任向前做去，毀譽在所不計也。

9月15日　星期四

正午十二時招待三省剿匪總司令所派調查財政委員賈泉伯先生。新建設廳長劉貽燕先生到省，擬明日接事。許世英午後八時路過安慶赴上海，特到江安船中招待，並請代籌皖西匪區善後款項。

9月16日　星期五

清晨接見籌備嘉山設縣專員李蔚堂。九時開省務會議，通過省委視察章程。日本承認滿洲偽國，大好山河從斯去矣，執政諸公能無愧乎。吾同胞倘不積極振作精神，豈只亡一東三省而已耶。財廳長葉元龍赴南京與宋部長商皖財政。

9月17日　星期六

九時到省黨部出席常務會議。午後接見英山、霍山、六安新縣黨部特派員、六安首席縣長及派往皖西辦理善後委員，並向彼等訓話，軍政黨紳連合一氣，切實辦理皖西善後事宜。

9月18日　星期日

王揖唐姪德均報告，張漢卿擬推段主持華北局面，託轉商介石。佸子本晚起身赴蕪湖視察。昨年今日日本佔奉天，不覺已一年矣。國內土匪擾亂，經濟破產，人民無衣無食，到處皆是。

9月19日　星期一

九時記念週，新劉建廳長報告施政方針。此次在皖已經五月，而財政仍覺困難，以致剿匪及政治推進均受影響，尤以人事無法應付。

9月20日　星期二

九時開省會議。

9月21日　星期三

清晨見客。教育廳新廳長朱庭祐到省，朱號仲翔，江蘇川沙人，美國留學。午後與其談話，人尚誠實，大有可為之才。

9月22日　星期四

上午見客。

午十二時招待新教、建兩廳長，請江、光、吳、張各委員作陪。午後見王達及秋浦縣夏邦粹等。昨日衛立煌克復金家寨赤匪老巢，衛係我之舊部，亦有光榮耶。

9月23日　星期五

上午九時開省務會議。午後接見鄭杰，係贊成烈士之子也，與伊商五烈士安葬事。晚六時招待王達（號治襄），約李誠菴、熊公烈、柏紉臣等作陪。

9月24日　星期六

清晨接見佘凌雲。九時到省黨部開會。

9月25日　星期日

上午見余立奎，伊隨余有年，人甚精明，惟性情不定，事業未成。我以老長官資格向伊切實勉勵。晚六時在省黨部招待唐旅長。叔仁赴皖北視察行政。

9月26日　星期一

九時記念週。午後三時開臨時省務會議（因余明日赴牯嶺晤蔣），通過委任唐雲山旅長為安慶警備司令。又上午十時向各縣保安隊教練及隊附訓話，務以安民為第一要義（計到四十餘人）。

9 月 27 日　星期二

上午三時起身。七時出城乘甯紹輪，八時開船，船中遇黃大偉、葛湛侯（葛係航空署長）。下午七時到九江，陳鳴夏警備司令來招待，住大華飯店。晚間與鳴夏談天。十時就寢。

9 月 28 日　星期三

六時起身。八時到蓮花洞乘轎上山，十時到牯嶺九十四號飯店。十二時午飯，遇宋子文部長，便談皖財政。又訪熊天翼主席。介石請晚飯，有宋子文及南京美國領事等。

9 月 29 日　星期四

上午與熊天翼談話。午後偕光庾遊山。熊天翼約吃晚飯，並與談時局，只因內政外交均感困難，實無良好救濟方法。

9 月 30 日　星期五

上午偕光庾遊黃龍港，並參觀牧馬場、苗圃。山色之佳，大有令人流連忘返之勢。午後偕光庾遊女兒城高山，此地乃明太祖【後缺】。

10月1日　星期六

清晨訪商啟予、鄭毓秀，並與奉軍代表王維宙談段芝老出山事，王云張學良未托其向蔣說此事，蔣亦未便個人主張。十一時謁蔣。十二時吳鼎昌、熊天翼來談，隨約伊等午飯。午後遊山又至小天池，擬下禮拜二回皖。

10月2日　星期日

清晨訪熊天翼，回拜吳鼎昌。午後仍往遊黃龍寺。午後七時介兄請晚飯，有吳鼎昌、俞大維、熊天翼等在坐。飯後與介兄談安徽省政及時局問題。現在內憂外患相逼而來，社會毫無組織，黨國諸公各立門戶，各謀私利，前途如何，真不堪設想也。

10月3日　星期一

上午遊覽王家坡之碧龍潭、聽瀑亭，該處亂石怪出森立，幾難立履，瀑布滔滔，滿地碧水。午後偕廬山管理局長劉一公由小路往黃龍潭、烏龍潭（在黃寺山下），該處亦瀑布滾滾，亂石穿空，經羊腸小道登渣子□高地，今日之遊誠壯遊也。介兄約晚飯，有奉軍代表王維宙等在坐。

10月4日　星期二

八時下山，十時到九江，陳司令鳴夏來招待，到大華飯店休息，陳約午飯。午後一時上長興輪，五時開船，夜十一時到安慶。各委員、廳長到江岸迎接，深夜

如此，殊令我心中不安。十二時到省府與各廳長談話，
至三時就寢。

10 月 5 日　星期三

曹亞伯偕陳東皇到安慶，九時來晤談。午後接見
二十五路總部代表樊曼雲，又見徐沛南、嚴武等。與曾
秘書批閱信件。

10 月 6 日　星期四

上午九時到省黨部開會，因各特派員分往各縣視察
黨務，推余主持黨部事務，並與黨部各職員見面。午
十二時在省府設宴為各特派員餞行。郜子與季文到省。

10 月 7 日　星期五

清晨見客。午後十二時設宴招待梁總指揮代表藩曼
云，約各廳委作陪。午後三時見客。季文午後六時乘船
返滬。又凌毅然亦于本晚赴滬，王德均赴北平，又教育
廳長朱仲翔赴京。

10 月 8 日　星期六

上午會曹亞伯等。下午仍會客，並接見梁冠英代表
藩曼雲。又介兄來信囑余勿消積，但安徽財政無辦法，
人事難應付，殊難常久做去也。

10 月 9 日　星期日

孫純齋到省，彼因年老，難耐煩事，故辭去合肥首

席縣長。正午十二時獨立卅三旅團副溫轟（號震天），
廣東人，與鎮江楊姓女接婚，請余作證婚人。男年廿
五，女年十九，真正一對青年夫婦也。晚間與純齋談地
方人民之痛苦及任地方官之困難。

10月10日　星期一

本日雙十國慶，由余主席，在省黨部慶祝，葉元龍
演講。正午十二時在迎江寺大士閣設素餐招待曹亞伯，
約孫純齋、盧仲農、李運啟等作陪。午後二時偕陳法院
長及秘書長參觀第一監獄，內務尚清潔。

10月11日　星期二

上午九時省務會議，通過成立嘉山縣，以李尉堂為
第一任縣長。又金家寨新成立之立煌縣劃歸河南管理，
又英山縣劃歸湖北。近日由金家寨竄出散匪約二、三千
人，至太湖附近，有向東竄之勢。

10月12日　星期三

清晨視察安徽大學、省立第一女子中學及附屬實
小。安大因限於經費，設備欠周。女中甚整齊、甚清
潔，辦事人認真，學生有精神。午後省府開會，通過糧
食出境整理委員會章程，推李運啟為委員長。多年大勝
關之積弊，或可從此清理。又請孫純齋、徐平軒赴滬募
款，振濟皖西災民。

10 月 13 日　星期四

清晨在省府召集糧管理委員會各委員開談話會，後繼開成立會。又上午十時偕懷甯首席縣長視察懷甯中學及縣政府。近日皖西散匪竄至潛山附近之水吼嶺西面。

10 月 14 日　星期五

上午開省務會議，通過以高子培為定遠縣長。

10 月 15 日　星期六

清晨視察省立圖書館、省立第一中學，該校房屋年久但規模宏大，其內務整齊與清潔遠不如第一女中也。午後接見糧食出境整理委員會委員李運啟、余幼泉、盧仲農等。又午後三時開談話，討論收入不敷支出之預算。

10 月 16 日　星期日

清晨偕佶子、影毫、元龍、纕蘅乘安平小輪先到大渡口，步行視察八都湖之墾地。十二時到黃盆鎮，再乘輪到西門外七里亭遊覽石門湖。風景之佳，可以入畫，惜未佈置耳。五時回城。

10 月 17 日　星期一

九時記念週。十時偕劉秘書視察省立高級中學，其內容與省立第一中學相等也。

10月18日　星期二

九時常務會議，含山縣陳樹芳撤職，遺缺以考取縣
長張英翰署理。又接袁子金、曹靖陶、朱靖波等。

10月19日　星期三

清晨視察省立第一中職業學校、省立女子中等職業
學校，該女中內務清潔整齊，不可多得。午後見客。

10月20日　星期四

清晨視察公立安慶六邑中學，該校原係安慶府舊
址，房屋寬大，花園幽雅。又視察私立培德女子初級中
學，該校係教會辦理者，房屋均係西式。又視察東門外
林務局。午後接見方仲謀等。

10月21日　星期五

九時省府常務會議。午後見客。晚間與財廳討論，
財政決定緊縮。本省預算已自一千六百萬減至一千三百
萬元，現擬再減三百餘萬元，方可收支實合。如此各機
關均感困難，且亦不得已之辦法也。

10月22日　星期六

清晨與財、建、民三廳長討論財政。九時半偕劉
秘書視察私立安慶初級中學，該校房屋租借，金錢又
難，內容不堪入目。又視察私立東南初級中學，房屋
甚小，地位臨江，風景尚佳。午後開談話會，再討論
減政問題。晚七時約張琴襄、袁子金等晚飯，並有朱

晴波等在坐。

10 月 23 日　星期日

本日禮拜，偕羅、葉、劉三廳長遊覽龍珠山。余于光緒卅四年太湖秋操時，曾在該處住宿一夜。該處四面皆山，中有石門大湖，風景極佳，惜未佈置，又未種樹木。余當囑劉建廳長計畫整理，多種樹木。

10 月 24 日　星期一

九時記念週。午後見客。汪精衛赴歐洲遊歷，宋子文代理行政院長。

10 月 25 日　星期二

九時開常務會議，通過新預算，計支出九百餘萬元，與收入可以勉強適合。但被裁人員太多，生活成大問題，無法維持，我心難安。又接見周君南君，此人久于吏治，幹練有為。

10 月 26 日　星期三

上午見客。連日散匪竄潛山、桐城之間，剿匪軍尚稱順利。葉廳長元龍本日赴漢口報告新預算。朱廳長仲翔由漢回省。亞威由合肥剿匪回省。

10 月 27 日　星期四

上午到通志館，回看績溪學者胡止澄先生，此人精通輿地。午後見客。

10 月 28 日　星期五

上午九時開省常務會議，通過以蔡丙炎為保安處參謀長，又添設該處視察十人。擬明日赴秋浦弔唁許世英封翁之喪。

10 月 29 日　星期六

上午七時卅分偕曾秘書小魯乘安平小輪上駛，兩岸烏柏初丹，歷歷在目。午後三時半到望江縣，戴縣長出迎。地方民俗尚稱淳厚，女子纏足甚多。古蹟王祥臥冰處所謂雷池，即望江、太湖間之泊湖也。在縣府及黨部略事參觀即上船，傍晚抵華陽住宿。

10 月 30 日　星期日

晨四時起身，舟即開行過江。抵香口，天猶未明。舍舟登岸，肩輿行過小渡十五里，至下隅鎮，鄉人備早餐，過兆吉嶺上下約十里而陡甚，改步行。午後二時抵靜仁先生宅，遂弔唁靜仁太翁玉堂先生，此翁年八十，人極忠厚。靜老設午餐，多係園圃自種之素菜。三時餘興辭，赴秋浦，計五十五里。晚九時到秋浦城。

10 月 31 日　星期一

五時起身，遊梅公亭，又名半山亭。再上有來因亭，盤桓片時，至孔廟。該廟係十年前邑人周玉山先生建，勢甚雄壯。旋視察監獄，親入訓話。十時餘出城，士紳送出北門外，又向保安隊及男女學生訓話後即興行。一時四十分抵東流之五里亭，參觀教育廳公有之林

場。東流縣長張昌麟及士紳遠道來迎，陪伊等步行進城，抵縣府時已二時半。三時午餐後參觀新監獄建築之工程，又參觀教育局及小學堂，又參觀縣黨部、縣商會。五時餘出城登輪，七時半抵省。

11月1日　星期二

上午九時省府會議。十時到體育會出席省會中小學校運動會，余任名譽會長，向運動員訓話。午後批閱集存三日函件。接見廿五路總指揮部秘書長鄭道儒，此人精明強幹，並約鄭晚飯。

11月2日　星期三

上午到省黨部談黨報反對米糧出境捐事，此項捐款專為修理省道之用。午後二時接見杜墨林等。三時到動運場參觀一萬密達決賽。

11月3日　星期四

清晨吳少祐由南京到安慶研究國際情形。偕少佑到體育場參觀運動會。午後接見唐雲山等。

11月4日　星期五

清晨接見魏伯融、黃治安。午後體育場舉行運動會閉幕典禮，並給獎品。此次運動會籌備時間甚短，金錢亦少，地位亦小，結果頗佳，余並演講。吳少佑本日赴漢。

11月5日　星期六

上午到省黨部討論各縣黨部經費，因此項經費向由省庫支給，現因省款拮据，改由地方款支給也。午後接見丁翰東等。晚間見忠達弟及其子和羣，此子現年廿歲，初中畢業，既不能升學，又無相當職業，殊為

可惜。

11 月 6 日　星期日

連日所謂京滬同鄉會通電反對徵收米照捐，但該捐係中央指作築路專款。午後六時，教育廳朱廳長在其宿舍請吃便飯。

11 月 7 日　星期一

九時記念週。晚六時約黨部特派員邵漢元、王琢之及書記長謝永存便飯。午後接見來安縣新縣長張企留，伊松江人，美國留學生。

11 月 8 日　星期二

九時開常務會議，通過向道臣為霍邱縣長。又接見太平、石棣等縣長。

11 月 9 日　星期三

上午七時偕羅廳長乘安平輪東下。十一時到貴池縣，隨進城視察縣府及監獄、鄉村師範學校及職業學校。該師範校在鄉間，依山臨河，風景幽雅，即古杏花村之舊址也。又遊覽南城外之齊山。五時開輪，夜八時到棕楊鎮住宿。

11 月 10 日　星期四

上午六時開輪，十一時卅分到省處理函電。蔣來電取締米照捐風潮。休甯縣長王鳴義剿匪陣亡，王君少年

隨余革命，異常勇敢，忽聞去世，殊深悲憤。蔣通電取
締米照風潮，該項捐款係專作築路之用。

11月11日　星期五

九時開省務會議。午後接見李燮丞等。七時楊嘯
天、張嘯林、杜月生、徐聖蟬、傅筱安等乘江新輪過安
慶，特上船晤談。蔣委張履和為蕪湖戒嚴司令，取締米
照捐風潮。

11月12日　星期六

清晨偕光庾到五里廟查看營房，並參觀棉業改良
場。該場地點寬大，房屋清潔。本日致函介兄辭安徽主
席。午後六時約李炳榮便飯，李曾充粵軍第一支隊司
令。晚接見吳風清等，討論休甯故縣長王鳴義後事。

11月13日　星期日

上午到鳳院看菊花。午後接見督察專員高鐵君、周
君南、王樹功、盛士恆、向乃祺等。吳委員由霍山慰問
梁部回省。

11月14日　星期一

九時記念週，光委員演講。接見督察專員席楚霖、
沈鵬、羅經猷、劉秉粹、徐沛南等。午後四時召集各專
員及各省委開聯席會議，並向彼等訓話，以剿匪安民為
唯一主旨。七時晏會，在座廿餘人，頗為熱鬧。財、建
兩廳長由漢回省。

11 月 15 日　星期二

九時開省務會議，通過石丹生調歙縣縣長，袁興周鳳陽縣長，葉粹武涇縣長，孫沛方調懷甯縣長。晚九時開談話會，通過取銷發行公債五百萬，並決定公路築成後停止徵收米照捐。反對此捐者當可氣平矣。

11 月 16 日　星期三

上午十時接見各區督察專員，並訓話，一再聲明余辦事大公無私。又吳少佑昨夜四時由漢口到安慶，伊奔走外交，數月成績尚佳，惜機會未至耳。

11 月 17 日　星期四

葉廳長請吳少佑午飯，余作陪。少佑午後七時乘江安輪南京。午後兩次接見高壽恆、王樹功兩行政督察專員，他們反對袁某等。

11 月 18 日　星期五

開省務會議，通過建設特別預算，潭聲丙亳縣縣長。吳少佑赴南京。午後見方盤君、姚仲實，此二老年均七十前後，桐城學派。

11 月 19 日　星期六

清晨回拜方盤君老先生。到省會公安局視察，偕張局長視察育嬰所、婦女教養所、殘廢所、游民感化所、養老所。午後會范夫人。晚間招宴安徽大學教職員程演生、丁維賢等。

11月20日　星期日

本日星期，上午休息。高季堂由上海來，午後與伊談話。晚間約晏安慶高中、初中各校長。

11月21日　星期一

九時記念週。接見保安處副處長徐中岳，談保安隊縮編事。午後接見孫養衢，晚約孫及張練之、錢瑞庭便飯。得文叔姪來電，伊母本日未時病故。聞聽之下，哀悼殊深。

11月22日　星期二

九時常務議通過補助范烈士鴻仙修墓費一萬元，並先在合肥原籍建祠，以吳暘谷、倪映典合祀。午後偕葉廳長看江彤侯病，又視察財政、教育兩廳。六時約土地整理委員會各委員晚餐。

11月23日　星期三

上午偕建廳長劉貽燕察看張子剛等五烈士墓址，以東門外之老砲營及菱湖公園較為適宜。晚七時許靜仁赴滬，過安慶上岸到省府。伊先人喪事，因余至秋浦弔唁，特來謝步，隨即回船開輪。

11月24日　星期四

上午見客。叔仁回省，蘇企六交卸阜陽縣回省。午後見客。晚七時設晏招待糧食出境整理委員盧仲農、何讀青等，約高季堂、江彤侯、葉元龍、劉石菴等作陪。

11 月 25 日　星期五

九時常務會議通過程故廳長歿甫卹金案。郜子、影毫回省。午後接見倪團長榮仙，該員此次在皖北剿匪，十分得力。

11 月 26 日　星期六

午後一時偕秘書曾筱魯、梅光庾乘汽車赴桐城。午後四時餘到著，住縣署。往遊公園，該園係縣署地址改建。內有桐城中學，為吳摰甫先生所創辦，已卅年矣，園中極亭台花竹之盛。縣黨部與縣財政局，亦在其內。虞君設筵款待，並約紳士作陪。晚間與虞縣長談家鄉風味。

11 月 27 日　星期日

未明即起。用早點後乘輿往遊龍眠山，該山距城十五里，宋李伯時兄弟隱居山中，世號龍眠三李。入山數里，謁張文端公墓，墓前風景幽絕。至椒園，又數里至半峰庵，庵小而雅潔，虞君備素餐。是山不高不深，尚曲折。午後乘汽車回，五時抵省。

11 月 28 日　星期一

上午九時記念週，劉廳長報告築路情形。晚七時約保一、二兩團長祖心齋、倪榮仙，並各營長晚飯。倪團此次在皖剿匪，極為得力。

11 月 29 日　星期二

　　九時常務會議，通過改組長淮、巢湖兩水上公安局長為兩水上公安隊。皖省土匪根據在長淮、巢湖及皖南之黃山，如將該三處佈置妥當，則治安可無慮矣。午後接見章元善君。

11 月 30 日　星期三

　　上午見客。晚八時救濟水災委員會視察昨年以工代振建築之江堤之視察團，乘江新輪過安慶，省府各委員及各團體代表在江邊招待處開會歡迎，由余致詞，頗集一時之盛。團員中有聞蘭亭、李祖紳、伍連德及美國人白朗等共六十餘人。夜十一時開輪西上。

12 月 1 日　星期四

　　午後七時約徐炎東、蘇企六、張力仁等晚飯。蔣介兄來函，轉述宋子文主張取消糧食出境照捐，建設經費由中央補助。如此余極贊成，當約財、建兩廳會商，擬明日提會撤銷。

12 月 2 日　星期五

　　上午九時開省務會議，通過取消米照捐。午後視察省府辦公廳。擬明日赴漢口晤介兄，再請辭職，並商皖省築路經費。

12 月 3 日　星期六

　　三時起身，四時出城。上甯紹輪，五時開輪西上。船中遇衛立煌婦夫，晚間與衛談伊攻下金家寨情形。

12 月 4 日　星期日

　　上午九時半到漢口，住德明飯店三十七號。午後特稅處李子寬來談。晚八時半訪介兄，余堅辭皖主席，伊一再挽留，余去志已決，仍擬力辭。

12 月 5 日　星期一

　　上午訪特稅處黃振興、李子寬、公安局陳希曾，總司令部訪秘書長楊永泰、參謀長曹浩森，又遇朱一民、范紹陔、孫純齋、李祖紳等。晚七時子寬、振興請酒，有永泰、浩森、朱一民、譚鎮湘等在座。

12月6日　星期二

清晨李子寬來談。十時晤介兄，余仍力辭主席，伊仍堅留。午後至道生學校看羅京慧大小姐，又與楊暢卿談安徽特稅事。兩次晤李子寬。又函介兄，為汝為請接濟。晚八時上甯紹輪，子寬送我上船。船中遇黃子蔭及湖北民廳長朱懷冰等。

12月7日　星期三

上午九時到九江，至花園飯店休息。陳司令鳴夏來談。船因上貨過多，延至午後九時開輪。

12月8日　星期四

上午三時到安慶，六時接見各廳長及委員。本日委嚴武為保安處步兵一、二兩團指揮。午後接見楊固卿、傅式武。晚間見慎之、文叔，又見孫純齋、徐平軒等。決定下野，擬明離安慶。

12月9日　星期五

晨十時餘乘安豐兵輪赴大通，有葉元龍等同行。下午三時許抵大通，公安局長張廷才、銅陵縣長譚韜來見，予未上岸。夜書寄曹秘書長，言辭職呈似過簡單，盼與偌子兄等一商，能補充意思為要。

12月10日　星期六

晨四時許起，早餐登岸，乘公安局所備之肩輿啟行。經過童埠湖，凡廿餘里至童埠，又廿里至青陽縣，

胡縣長為備午餐。出青陽西門十五里，過西洪嶺，形勢
極佳。傍晚抵九華山麓，過二神殿、甘露寺等寺，至山
之中部祇園寺宿焉。是夕與僧談甚久，為湘君在寺作佛
事，僧卅餘人。是夕就寢甚晚。

12 月 11 日　星期日

未明即起，早餐，七時餘出遊。先至化城寺，唐至
德年為地藏王達佛教會在此，捐洋百元。出寺西上，過
上禪堂、地藏王塔（一名肉身殿），十五里至天台峰，
地藏禪林在天台頂。更上有捧日亭，為山最高處，在此
吃午餐。午后下山，過東巖寺、百歲宮。午後四時仍回
祇園寺。是日凡過大寺均有燈油費之捐助。

12 月 12 日　星期一

未明早餐，啟行數里外始明。至甘禪寺稍停片刻，
至低嶺庵始午餐。飯後直抵大通，計由祇園至低嶺寺
五十五里，又廿餘里始抵大通。時四時，商會各團體求
見，五時開行，十時餘抵蕪湖。高銕君、梅佛庵上輪，
同到縣府，談兩時餘。夜餐後上輪已一時餘矣，是夕即
宿舟中。

12 月 13 日　星期二

上午五時由蕪湖開輪，十時半到下關。吳少佑夫婦
來接，隨到吳家。往訪張靜江、陳果夫，在吳家午飯，
有何克之及楊公達夫婦在坐。與何分手數月見面，彼此
道歉了事。午後見戴季陶，託代向蔣辭職，擬夜車赴

滬，晤至友陳光甫等。夜十一時四十分開車，■公遠
送行。

12月14日　星期三

上午八時到滬，季文來接，住南京飯店。余一月廿
八日由滬夜車赴南京，正日軍向我軍開始攻擊之時。今
日到滬，見戰跡尚存。嗚呼，吾同胞死于槍林彈雨之中
不知若干，財產損失不知其數，可謂浩劫矣。午後訪陳
光甫、楊敦甫，晚間約季文等在梅園晚飯。

12月15日　星期四

上午六時起身，趕七時快車，九時四四分到蘇，
十一時十分到家。曾筱魯、周玉麟、梅光庾已于昨日到
蘇，即在余家午飯。中俄復交，國際情勢忽變。

12月16日　星期五

清晨到安樂園看湘君墳墓工程，非常精美。午後到
蔣家。上午徐伯明來談，伊湖州人，頗有財產。

12月17日　星期六

清晨到安園為湘君墳墓植樹。殷紹乘由滬來，午後
偕伊樂群沐浴，殷晚車回鎮江。

12月18日　星期日

清晨安樂園種樹。伍先生同往，幫同計劃樹之位
置。蔣家請午飯，有楊譜笙、蔣孝先等在坐。上午十時

派用人趙雲生往南京，送正式辭職呈文于行政院。

12 月 19 日　星期一

上午仍到安樂園植樹，並代蔣家墳地植樹十株。午後到羅家。

12 月 20 日　星期二

午後偕伍伯谷樂群沐浴。到黃家看曾耀耀。

12 月 21 日　星期三

上午到安樂園。午後安慶公安局長張本舜及省黨部特派員王琢之來蘇挽留余勿辭主席。又陸心亙來談。晚七時徐伯明、徐辛之等晚飯，因伯明送酒席，故順便請其晚飯。又元龍來電，擬向蕪湖銀行界借款十萬。

12 月 22 日　星期四

請張本舜、顏芝卿、凌毅然、蔣青欽來談。午後未出門。三中全會閉幕，此次係例會，並無特別議案。羅太太請吃午飯。

12 月 23 日　星期五

本日未出門。專待行政院批准辭呈，以便即日交代。俗謂上台易下台難，真實不虛。本日致函陳果夫，託向蔣先生說話。余無論如何不再回皖。

12月24日　星期六

上午到凌毅然家，並午飯。午後樂群沐浴。行政院來電慰留，中有政聲遠播、望實交推。再上二次辭呈，同時陳果夫來函轉蔣意勸勿去職。吾去志已決，惟有堅辭。

12月25日　星期日

午後王琢之來談。影毫由皖回蘇，主張要去安徽，以速為宜。又唐翼林、竺芝珊先後來，請求致函皖財廳，為伊催欠款事宜。

12月26日　星期一

上午陸心亙、楊譜笙來談，並楊午飯。財廳長葉元龍到蘇，談皖目前財政情形，主張辭職交代要從速，以免夜長夢多。近日本對華北施行威脅，華北各將領開軍事會議，形勢嚴重，或生變化，亦未可知也。

12月27日　星期二

上午四時半起身。五時出城，趕六時夜車，八時廿分到滬，住南京飯店。九時半到上海銀行晤楊敦甫兄。十時晤季文並少佑，同到冠生園午飯。午後到朱家，又往訪楊小天，因外出未遇。晚間高季堂來談，又季文福祿壽晚飯，永安公司買零物。

12月28日　星期三

偕季文、少佑正興館午飯。趕十二時四十五分車回

蘇。午後三時半到蘇，得蔣來電促我回皖，擬明日赴京
託季陶、果夫代我再辭。又劉廳長貽燕由京來蘇，意在
望我勿辭主席。

12 月 29 日　星期四

趕上午十一時車，偕劉廳長赴南京，車中遇陸福
廷、賈果伯。下午六時半到京，住平倉巷吳少佑家。晚
八時往訪戴季陶，託去電介石代我說項准辭職。並遇石
青陽等，至十一時回吳宅，就寢。

12 月 30 日　星期五

清晨葉元龍來。八時訪陳果夫，託去電介石，請其
准予辭職。午後訪張文伯。午後葉元龍、劉石庵、劉海
屏來談。趕三時半車回蘇州，車中遇■庚。午後九時半
到蘇，十時到家。

12 月 31 日　星期六

午後偕光庾到安樂園看湘君墓路工。電蔣介石兄保
陳果夫為皖主席。

此一年已終，國家不統一，仍如昨年。而外交危
險，與夫社會經濟之困苦，希望明年有所挽回。余個人
得子固可喜，而湘君因此故，誠余一生之大不幸也。余
與湘君最好，自伊去後，時刻難忘。每一念及，不知所
從。余命之苦，何竟若是耳。余主政安徽已八餘月矣，
所有病民之稅均已取銷，土匪剿平，地方秩序全復。比
較初到皖省，大有進步。惟人事殊難應付，財政亦尚有

困難，不得不辭職讓賢也。

1933 年（民國 22 年）　50 歲

1 月 1 日　星期日

清晨張海洲、李用賓來談，代表皖人挽留，勿辭主席。許博明來拜年。偕馴叔觀前買零星物件。

1 月 2 日　星期一

午後偕何肯蓀南園看地皮。林德卿由閩到蘇。張亞威由安慶回蘇，談辭職事。

1 月 3 日　星期二

午後樂群沐浴。偕吳紹甫看孔副司巷陳榮仙宅，該宅擬出賣。晚六時張文伯由南京來，留晚飯，暢談至十一時，伊力勸予回皖。

1 月 4 日　星期三

清晨到鐵路飯店回看張文伯。日軍攻山海關，有失守之說，又對張學良下最後通牒。殷紹乘由滬來，晚飯後即回鎮江。

1 月 5 日　星期四

林毅然來代吳江佃戶曹光新借洋叁百元。午後林德卿、曾小魯赴滬，曾係出席安徽大學董事會。午後何亞龍來談日本外交情形，並留何晚飯，亞威在坐。

1月6日　星期五

上午十一時卅分車，偕亞威、光庾赴南京，仍住平倉巷二號吳少佑兄家。在夫子廟四五六飯館晚飯。

1月7日　星期六

上午訪陳果夫，託向蔣說項辭職事，陳回話蔣仍挽留。而保安處及民、財兩廳均來堅決不幹，惟有與彼等行動一致也。午後遊總理陵園，又亞威來談。又訪張文伯，並在張宅晚飯，談至夜十一時回。

1月8日　星期日

上午蕭紉秋來談，同至素菜館午飯。午後七時偕張文伯、張亞威、梅光庾在約而精晚飯。偕亞威到文伯家談話，又到易家橋訪張佛崑。日軍佔山海關後，近又威脅秦皇島，形勢日見嚴重。

1月9日　星期一

午後五時晤介兄，我力辭，伊力留，無結果。只有電告諸同人，請伊等會商擺脫辦法，總以不傷介兄感情為原則，並擬請亞威明日回安慶晤商郜子諸同人。上午接見王逸唐介紹之王竹村君（名九齡），談北方及日本外交情形，並代轉告介兄。

1月10日　星期二

亞威回安慶。接見王竹村、裴益祥、劉式庵諸君。午後理髮。

1月11日　星期三

上午偕劉式庵訪鄭道儒，同往蜀峽飯店午飯。午後六時張文伯請晚飯，有蒙古德親王等在坐，與張談至十一時始回。

1月12日　星期四

安慶民、財兩廳長及保安處長來電，堅請辭職，我只有致書介兄堅辭。此書于午後親交陳果夫代為轉交，又請戴季陶兄致函介兄說項准我辭職，並在戴家晚飯，與季陶暢談佛學。戴夫人因華北軍人抗日，向我募慰勞金貳百元。

1月13日　星期五

昨日大雪。午後偕光庾至陵園看雪景。今日省府同人向行政院上第三次辭職電。

1月14日　星期六

上午殷紹乘來談，同至蜀峽飯店午飯，飯後送伊到下關。專待批准辭呈，此間連日甚寒。

1月15日　星期日

介兄派蕭紉秋來懇切挽留，如再堅辭，必傷感情。同時宋代行政院長派秘書電約葉財廳長來京磋商財政，對皖允予設法接濟。如此只有勉強繼續做去，並電告省府同人，不知全體能同意否。晚間到中央飯店訪蕭紉秋兄。

1月16日　星期一

陳光甫兄來談，並留午飯。今日函介兄，如財政有辦法，當再繼續維持。日軍佔九門口後又猛攻石門寨，英、法表同情于日本。吾國過信任美國，恐誤機宜，前途大可慮也。

1月17日　星期二

上午八時見介兄，彼無論如何不准辭職，同時財政部長宋子文亦允為財政上幫忙，如此只有勉強再維持數月。光甫來談，並留午飯。午後亞威由安慶來，伊力辭保安處，只得照准，擬保俞濟時接。七時出城，回看光甫，並在伊處晚飯。偕光庾坐夜車回蘇州。

1月18日　星期三

晨六時到蘇。八時赴嚴芝卿家拜壽，又到蔣家。天氣甚寒。候佶子至夜十一時，伊尚見回得，伊今晚由安慶起程。留亞威談話，並晚飯。

1月19日　星期四

上午與亞威談話。乘午後三時車赴滬，住南京飯店，與季文、少佑談話。又午後二時訪徐博明，伊富有財產，住宅寬大，書籍甚多。

1月20日　星期五

中國飯店開房間，請季堂招待同鄉。上午十二時齊俊卿午飯。午後訪蕭紉秋、張伯璇、許汝為。到何克之

家晚飯，彼此解釋誤會。在齊家初見沈面。

1月21日　星期六

　　午前訪李少川、關芸龍、石銀生、高一涵、常藩侯、李次山，李等杏花樓請吃晚飯。光甫在九江路請吃午飯，晚間訪王德鄰、朱子謙。老段昨夜由津南下，此行為避是非、明心跡。王建平來談。

1月22日　星期日

　　上午訪柏烈武、方叔平、楊嘯天，在齊俊卿家午飯。午後偕季文遊兆豐公園，訪許靜仁，楊嘯天家晚飯。晚間章行嚴、張伯璇來談。

1月23日　星期一

　　清晨季文來談。曾小魯由京到滬。趕上午九時卅分車回蘇州。午後與偕子、亞威談話，並促葉元龍即日回安慶。余等日間亦回皖，蔣家請吃晚飯。

1月24日　星期二

　　下午到安樂園。上午到觀前代沈君算命，葉廳長晚十時到，住在余家，伊允再任財廳。今日由肯蓀經手買闊家頭巷高姓地皮約一畝六分，洋參仟二百元。又日前買該地皮南朱姓地四分，洋四百元。又南張姓地一畝八分，洋一千六百元，共三塊。連中用驗契，計約洋伍千六百元。

1月25日　星期三

清晨偕光庾到何肯蓀，同去看闊家頭巷地皮。今日大除夕，惟不見湘君，予心痛矣。元龍、偌子、亞威、惟仁四人打麻。

1月26日　星期四

清晨到何亞龍、蔣家拜年。顏芝卿、徐伯明等來拜年。下午偕偌子、元龍等遊覽觀前。趕午後三時四十分車赴滬，仍住南京飯店。晚七時吳少佑約夜飯，偕季文到齊俊卿晤沈君，又到季文友人處。

1月27日　星期五

上午訪段芝老，談二小時。光甫來談，並約午飯。午後到黃建平家。六時到齊家談沈女士事，在齊家晚飯。

1月28日　星期六

趕上午九時廿五分車赴南京，住安樂酒店。晚間訪陳果夫、戴季陶、李子寬等。昨年今日予由滬乘夜車赴南京，正日軍開始攻擊閘北之時。

1月29日　星期日

上午九時乘清浦輪返皖，午後過蕪湖，政、軍、警當局來見。此次同回省有葉財廳長、劉建設廳長及梅、曾、周三秘書。晚間與葉討論財政。

1 月 30 日　星期一

下午四時到省。

1 月 31 日　星期二

上午開會。下午接見合肥同鄉及其他來賓數人。上午接見女子職業學校教職及學生代表，因反對新校長，當告其應服從公令。午後見客。貴池行政督察專員到省，擬託其赴口總部接洽要公。晚間與葉、劉兩廳長及影毫等談話。

2月1日　星期三

上午見客。晚間與朱、葉兩廳長談話。

2月2日　星期四

【缺】

2月3日　星期五

九時開會，偕子、亞威到省。財部將安徽屯墾局歸還省府，議決取消該局，由財廳設科辦理，以節經費。

2月4日　星期六

【缺】

2月5日　星期日

本日休息。晚間與偕子、元龍等談佛學。

2月6日　星期一

上午九時記念週報告此次本人及省委辭職原因與回任理由，並順便報告財政情形與今後施政方針，又下令取銷省保安隊指揮部。

2月7日　星期二

上午九時開省務會議，准張亞威辭保安處長，遺缺以參謀長蔡丙炎繼任，又通過改委廬江、廣德、五河等縣長。午後接見皖北教育界代表，因反對歸併學校及改委校長等事。晚七時晏行政督察專員高壽恆、周君南。

2月8日　星期三

上午見客。下午理髮。接見高壽恆、周君南，又見朱雁秋。

2月9日　星期四

上午見客。午後羅先生赴南京。

2月10日　星期五

九時開省務會議，通改委天長、宿縣兩縣長，常振穎天長、高尚忠長宿縣。接見高壽恆、周鈞南、項乃琪三行政督察專員。財廳長葉元龍赴京接洽財政。

2月11日　星期六

接見舒德進等。請第廿五路秘書長鄭道儒晚飯。與朱教廳長談皖北更換校長及併校風潮。

2月12日　星期日

午後偕曾小魯到東門外散步，遊覽林場。

2月13日　星期一

九時記念週，曾譽演講民族主義。魯書由漢口來，明晨仍赴漢。余致函李子寬、黃振興代伊說項辦理大通特稅事宜。

2月14日　星期二

九時開省務會議。晚六時招待袁子金、權道涵、張

坤伯、李德湖、洪鼎、李振亞等，多係本省老同志。

2月15日　星期三

見客。晚間亞威來談，伊擬回蘇州。

2月16日　星期四

接見亞德縣長戴曾錫、東流黃少瓊、亳縣譚聲丙，又接見弘傘法師。弘本姓陳，靈壁人，軍人出身。辛亥革命任營長，癸丑二次討袁失敗亡命，日後回國在西湖出家。與余不見廿年矣，此次來皖辦理賑災事宜。又午後四時到省黨部開會，討論改組整理委員會後一切辦法。

2月17日　星期五

接見調署廬江縣長高子培。正午十二時大寺閣設宴招待弘傘法師，有徐平軒、黃建六諸居士作陪。午後六時在省府設宴招待省黨部諸委員。

2月18日　星期六

接見潁上縣長張鼎家、五河縣長張仲權等。

2月19日　星期日

上午接見蕪湖代表崔由楨。午後偕曹秘書長及小魯乘汽油船至七里亭一帶遊覽。晚間與弘傘法師談話，伊明日赴金家寨放賑。

2 月 20 日　星期一

上午七時偕曾小魯乘安捷巡輪赴東流察看林場，監催植樹。十一時到東流登陸，步行約五里至林場，又偕場長及縣署人員參觀各山場，並分配縣府與林場植樹區域。四時回船，開輪東下，至午後七時到省。

2 月 21 日　星期二

九時開省務會議。羅偕子由京回皖。接見縣長孫節方、譚聲丙，又接見廿五路秘書長鄭道儒及駐京辦事處主任韓致平，又接見參謀本部鄭參謀、劉田甫、軍政部軍官張信千等。伊等察看沿江要塞，預備抗日之用。近日中日形勢緊張，熱邊戰事隨時可以發生。午後一時到省黨部開第一次成立會。

2 月 22 日　星期三

上午見客。廿五路總指揮梁冠英本晚由霍山抵省，在省府談話，並留晚飯。伊明晨赴江西謁蔣總司令。本日上午九時行本城修路開工典禮。

2 月 23 日　星期四

梁子超總指揮清晨乘江順輪赴九江轉南昌。影毫午後八時乘江新下水，赴南京回蘇州。

2 月 24 日　星期五

接見合肥縣長王寶齋、嘉山縣長李蔚唐。下午六時招待省城警備司令章履和、保安處長蔡炳炎及營長等。

晚間偕子談佛學，伊云凡學佛以及辦事，須有深心、忍
心、直心、大悲心四種心思，則方可成就也。

2月25日　星期六

接見合肥縣長王鑄人、潁上縣長張鼎家、甯國縣長
陳同楨並該縣士紳，談築路經費事。

2月26日　星期日

葉元龍、劉武菴兩廳長在京接洽財政及築路專款事
畢，今日上午返省。梅光庾亦于今晨返省。增根之事，
勢在必【後缺】。

2月27日　星期一

上午九時記念週，財廳秘書報告整理地方財政事
宜。午後梁冠英回省，晚六時在省府便飯，梁所部將開
往平漢路抗日。

2月28日　星期二

【前缺】晚八時乘三北公司長興輪回蘇州。

3月1日至3月16日　星期三至四
【缺】

3月17日　星期五
上午開省務會議，通過劉篤培太平縣長，又通過統一縣組織法，所有公安、建設各局均為科。午後見客及省黨部各委員。

3月18日　星期六
上午見客，下午仍見客。均係求工作，失業人多為社會最大問題也。

3月19日　星期日
上午偕民、財、教、建四廳長到菱湖公園計劃整理，參觀棉業改良場，即在該場午飯。午後參觀第一林場，該場本年下種樹苗約十萬株。

3月20日　星期一
上午九時記念週，朱教廳長報告管理學產舞弊案。午後見客。晚七時招待蔡繼培、汪賢湘、張清汝等。汪院長精衛到南京。又見盧山管理局長劉一公。

3月21日　星期二
上午省府常務會議，午後見客。立煌縣歸安徽管轄，本已歸河南，因關係本省軍事、經濟甚巨，故力爭之。

3月22日　星期三

午後約老同志袁子金、陳紫楓、金幼洲談話討論安葬張夢介、鄭贊成諸烈士。

3月23日　星期四

天陰而寒。午後接見劉一公等。

3月24日　星期五

約劉一公晚飯。葉元龍赴京滬接洽財政。

3月25日　星期六

上午接見金幼洲、馮亞佛、劉文明等。晚七時設晏招待江西省主席代表彭醇七，約各廳長作陪。

3月26日　星期日

本日星期上午理髮。午後偕羅、劉兩廳及曹秘書長乘汽車到集賢關一帶遊覽，並查看公路。午後五時在省府花園種龍爪柳、垂絲柳各三株以作記念。得光庚電，麗君今日午車赴蘇，暫住蔣太太處。擬回蘇再移本宅。

3月27日　星期一

午前九時記念週。修理省府花園樹木，午後又種梅花、丁香、香櫞、玉蘭等樹。接見馮亞佛等。蔣由華北回南京，勸汪精衛復行政院長，汪尚在力辭中。

3 月 28 日　星期二

在常務會議通過重整立煌縣善後委員會。日本政府已于昨日將退出國聯通知書全文電日內瓦，其外交必仍陷于孤立地位。

3 月 29 日　星期三

上午八時偕佶子步行出西門，到三北碼頭看築路工程。順便到菱湖公園休息，經過安徽大學，回省府。午後接見縣長趙華三等。

3 月 30 日　星期四

上午接見張海洲、王先友等，午後接見凌鐵安。晚七時佶子乘江順輪回蘇州。又見上海銀行經理彭蔭軒。

3 月 31 日　星期五

上午接見第一區行政督察專員徐沛南，九時開常務會議通過韓經芳試署旌德縣。汪精衛復行政院長。現在各方意見太多，一事之興，議論風生，均在文字上做工夫，而見諸事實者極少。國人如不覺悟，團結努力，抵抗外侮，則國亡無日矣。

4月1日　星期六

上午接見銅陵縣譚韜及翟其清等。午後接見杜墨林等，談安徽過去政治之失敗及今次余之改良。

4月2日　星期日

上午九時接見農林專家李寅恭。十時偕教、建兩廳長及曹秘書長等遊覽大觀亭，參觀西門外造林場。該場成立有十五年之久，滿山松樹，風景頗佳，即在該場午飯。午後三時長江水警督察長兼二軍參謀長李家鼎討論本省水警，又暢談江西剿共目前失利之情形，留李晚飯。

4月3日　星期一

九時記念週，朱廳長報告管理學產作弊案，主嚴辦。十時接見第三區督察專員盛士恆，報告皖西匪區善後情形。午後接見黃博漢、徐健行等，徐係民國六年在廣東認識者。

4月4日　星期二

上午九時開常務會議。接見督察專員盛士恆、徐沛南、縣長譚韜等。得南京電，介石本日午後○時卅分乘楚有艦赴江西，明晨過安慶。

4月5日　星期三

蔣總司令今晨八時船過安徽，未停輪，余與全城文武高級長官到江干迎迓，未晤。因本日清明，隨偕各長

官步遊市外。至農場休息，見滿園桃紅柳綠，天氣清和。近日江西剿共無進步。午後六時設席招待徐健行、馮亞佛、李寅恭等，李係林業專家。

4 月 6 日　星期四

清晨與劉建設廳長討論整理菱湖公園及大觀亭等，叔仁與德卿由京回省。據云惟仁對麗君感想甚佳。

4 月 7 日　星期五

上午九時常務會議，通過水東煤礦准讓與礦商姚雨耕承辦。該礦原係皖人王達等經辦失敗，嗣由省接收官商合辦。數年來仍無進步，且難維持現狀，不得已讓與姚商辦理也。

4 月 8 日　星期六

清晨接見礦商姚雨耕。又見金幼洲暢談本省政治。午後見袁子金、陳紫楓、金幼洲，商定省葬張孟介諸同志。午後到聖保羅醫院謁見曹、曾兩夫人，並送兩家小孩各一百元。又見王達。安徽大學校經學教授姚仲實、李範之請吃晚飯，有叔仁、明甫、纕蘅、式庵等在坐。

4 月 9 日　星期日

上午休息。午後接見李經文等。又見段芝老女婿李國源、廬山管理局長劉一公。

4月10日　星期一

九時記念週。劉廳長報告近來築路與造林情形。十時半見王琢之、李純庵、馮亞佛等，又見徐平軒。午後三時出席省黨部常務會議。

4月11日　星期二

上午九時省府常務會議通過縣政府各科組織及辦事規則，又通過先烈省葬委員會，以袁子金、陳紫楓、金幼洲三人為常務委員。午後接見專員徐沛南及徐習庸等。

4月12日　星期三

上午偕建設廳長劉式庵乘汽車至高河鋪視察公路，至十二時回城。午後接見杜墨林、茅延椿等。

4月13日　星期四

光庾今晨回省報告，麗君已由蔣家遷回本宅，與惟仁相處極為相得，聞之甚為欣慰。

4月14日　星期五

上午九時開常務會議，通過省會建設委員會。

4月15日　星期六

偕子回省。午後接見黃祝三，伊前充師長，係西南之舊同事。

4 月 16 日　星期日

江委員回省，午後與伊談話。又午後二時方仲謀之女方篤士與汪先步結婚典禮，請余證婚。午後六時設席招待黃祝三，張海洲等作陪。

4 月 17 日　星期一

九時記念週，民廳曾主任演講人格救國。接見望江縣長譚鼎勳，又保安處長蔡丙炎由江西會議回省報告該省剿匪失利情形。午後接見大學校長程演生，陳總指揮代表陳蔭南。秦皇島失守。

4 月 18 日　星期二

上午九時常務會議。十二時設席招待教部督學顧石君，各廳委作陪。又接見傅作霖，此人法政大學畢業，現在中央黨部辦事。四太爺病重，叔仁晚船回京。宋子文代表政府出席美國經濟談話會，今日放洋。

4 月 19 日　星期三

上午九時黨政各委員在省府開憲法草案聯合研究會成立會，推光明甫、吳遵明、陳福民為常委。果真國家憲法告成，再能切實奉行，大局自然安定也。午後接見徐一飛、黃博漢等。

4 月 20 日　星期四

八時偕佶子到車站乘汽車遊覽風景，並遊龍珠山。與該山寺僧遠塵暢談禪宗佛理，該僧年六十五，精神異

常清爽。並謁該寺肉身老和尚，象貌堂皇，當捐洋貳百元為老和尚造肉身殿。柏烈武今晨到省，晚間來談。

4月21日　星期五

九時開會。午後通志館訪柏烈武，晚間設席招待烈武，各廳委作陪。灤東失守，華北緊張。

4月22日　星期六

葉廳長元龍今晨回省，八時偕伊及民、建兩廳到菱湖公園，十時回省接見倪團長榮仙，報告剿匪情形。午後接見洪康爕、葛曉東、李孟舟、陳世魁等。晚七時朱仲翔約吃飯，有各廳委在坐。

4月23日　星期日

上午偕偌子、元龍、仲翔、式庵一遊覽第一林場，到棉業場午飯。午後徐凝生與奉天孫女士在保羅醫院接婚，請余證婚，朱仲祥、曹纕蘅介紹人。晚七時半陳琴軒來談，與伊不見將十年矣。余勸伊不要問外事，求自己生活可也。擬明晨赴江西謁介石，與伊不見將四月矣。

4月24日　星期一

上午四時起身，即出城上安平差輪，五時開船，連天大雨，江水甚急，上行極慢。至晚八時行至湖口對面沙洲，忽擱淺，只得在此停輪住宿。晚間與光庾談處世道理。

4 月 25 日　星期二

六時起身，船仍擱淺，船員用盡九牛二虎之力，上午九時始出險，開輪西上。正午十二時到九江。今晨大雨後又大霧，行船真正不易。陳鳴夏來船迎接，同到花園飯店，九江行政督察專員蔣笈（號大川）及縣長等來見。晚花園飯店。

4 月 26 日　星期三

清晨回看陳鳴夏，並訪吳金標，吳年六十一，精神甚佳。八時上南潯車，當地文武均到車站歡送。午後一時到南昌，省府及總部均派人到站迎接，住貢院背五號招待所，即在所內晤熊天翼、楊暢卿、何雪竹。下午四時分別回看何雪竹、熊天翼。七時半總司令約晚飯，有吳稚暉、李石曾、宋美齡在坐。飯後與蔣暢談辭職，仍未允，當再請求。十時在住所晤黃膺白、張岳軍。又此間剿匪無進步，士氣不振。

4 月 27 日　星期四

上午十時訪吳稚暉、李石曾。午後偕光庚遊覽青雲鋪寺院，又參觀陣亡將士墓，規模宏大，風景尤佳。晚偕何雪竹遊覽街市，並約便飯。南昌市政較前大有進步。

4 月 28 日　星期五

上午訪彭醇士、熊天翼、蔣雨岩、唐有壬等，唐、蔣在中國銀行約午飯，有黃膺白、何雪竹、楊暢卿、張

岳軍在座。午後四時半介石來我之住所，約蔣、唐、
黃、張、熊、楊開臨時會，討論華北政治問題。決議仍
設北平政治會議，推黃膺白前往主持。七時半熊約晚
飯，在坐除黃等外，尚有新由北平到贛之吳鼎昌君，吳
亦係因華北政治而來者。

4月29日　星期六

上午偕光庚看運動會，又與吳達銓談話。又何雪竹
來談。午後三時半，介石約談話，我仍堅辭皖主席，伊
意活動屬與汪院長接洽，如此應可成為事實也。偕光庚
遊覽南昌街市，道路整齊，較余滿清末年在南昌時，不
可同日而語。即以數年前之比較，亦大有進步也。熊天
翼約晚飯。

4月30日　星期日

午後二時車起身，晚七時到九江，陳鳴夏等到車站
迎接，同到振興館晚飯。飯後上安平輪住宿。此次到
贛，熊主席招待殷殷，殊深感謝。

5月1日　星期一

上午三時半開輪，七時半到小姑山，登山遊覽，四面繞水，風景絕佳。午後一時半到安慶，約各廳長、委員談話，擬明日入京。

5月2日　星期二

上午九時省常務會議。接見張玉珊及蕪湖商會吳興周等人。三先生今晨由京到省，四太爺病仍重，難有起色。午後二時乘安平輪東下，至七時起大風，八時抵大通，停輪上岸，至公安局。夜二時風平，再開輪。

5月3日　星期三

午後二時到下關，張文伯派人到碼頭迎接。隨至沈舉人巷文伯公館，再偕文伯到中山門外新村文伯別墅，即借住此處，與文伯散步松林間，作長時談話。晚七時到元龍家晤行政院政處長彭學沛，九時晤汪院長精衛，力辭皖主席，作考慮，大約可以照准，並在汪處遇傅汝林。十時回，就宿。

5月4日　星期四

梅佛安偕叔仁來。午後送梅到下關車站。采芝四叔祖病重，午後往看，病勢異常嚴重，危在旦夕，惟年高七十八，子孫滿堂，可謂有福矣。介紹張文伯、葉元龍見面，張氏子女陪余晚餐。余住所非常清潔，四面繞山，且招待甚周。余辭職事，汪院長正在與蔣往返電商。

5月5日　星期五

四叔祖昨夜十一時病故。午後偕光庾往弔，並送奠儀五百元，又偕光庾遊覽雨花台。午後四時偕文伯夫婦湯山沐浴，劉建設廳長與葉廳來談，文伯留伊等晚飯。又上午偕光庾乘汽車繞遊紫金山一週，計一時間，一小時約華里六十里。

5月6日　星期六

惟仁偕蔣、朱、應、李諸太太，乘江順輪赴九華山進香，今晨六時過下關，余偕光庾到船上見面，伊等八時開輪西上。十時偕元龍、式庵往謁張靜江，十二時偕龍、式二兄徽州飯店午飯。午後三時三先生來，伊明日赴漢口。晚七時張文伯在新村約余及元龍、式庵晚餐，餐後同到文伯公館。偕光庾乘十一時夜車返蘇州。

5月7日　星期日

上午五時卅分到蘇州車站，九時顏芝卿及蔣偉國來，午後亞威來談，擬明日赴滬。

5月8日　星期一

上午四時起身，偕光庾四時半出城，乘五時卅分車，七時卅分到滬。到上海晤楊敦甫，九時到愚園路晤陳光甫，十一時晤黃建平、王季文，在黃家午飯。余勸季文回香港，以免在滬生是非。午後訪何克之、吳少祐。乘三時十五分車回蘇州。

5 月 9 日　星期二

清晨偕麗君路過羅園，並遇見張叔怡。到伍先生家，又徐博明來談，並吳大徵親筆對聯。午後高季堂由滬來。

5 月 10 日　星期三

清晨偕季堂、麗君赴安樂園謁湘君墓。午後季堂回滬。

5 月 11 日　星期四

近兩日雇人做竹園工。午後偕光庾樂群沐浴，又到觀前買衣料。

5 月 12 日　星期五

上午顏芝卿、蔣青嶔來談，又亞威夫婦來談。午後未出門。

5 月 13 日　星期六

葉廳長元龍午後到蘇，下榻余家，晚間約亞威等談辭職事。亞威約余及韓伯母、麗君午飯。

5 月 14 日　星期日

元龍趕上午五時廿分車赴滬。午後到觀前買紙筆，到凌毅然家。

5月15日　星期一

上午凌毅然來談。朱教育廳長仲翔清晨到蘇，陪伊遊覽羅園，伊午後特快車赴南京。近日日軍渡灤河，平津形勢嚴重。

5月16日　星期二

行政院本日會議議決准余辭皖主席，以劉鎮華繼任。余一年以來剿匪減政，使全省人民安居，預算由一千六百萬減至九百餘萬，所有特種營業稅及米捐等一律裁去，修安慶馬路，修京蕪路等，問心可以無愧。

5月17日　星期三

本日函電安慶準備移交。日軍佔唐山、玉田一帶，平津動搖，人心浮動，不可終朝。而前線持久苦戰之少數部隊，已成強弩之末，決無力以捍衛平津之危城。吾人翹首北望，誠不勝其憂懼，尤不勝其悲憤。政府自始至終未見有整個防守之計劃。

5月18日　星期四

光庾今日赴安慶運行李。平津緊急，而平津以外之地則仍高歌酣舞，漫若無事，即以上海而言，靡靡之樂、狐步之舞，紙醉金迷正樂而忘死（商女不知亡國恨，隔江猶唱後庭花）。總之，救平津即所以救華北，亦即所以救中國。此時已為最後之時機，政府與人民應有最後之覺醒，作最後之打算。

5 月 19 日　星期五

上午偕麗君到曾影毫家，並遊覽其花園。惟仁赴九華進香。午後八時回蘇。

5 月 20 日　星期六

午後到蔣家看蔣太太，伊亦赴九華進香，昨日與惟仁同回。

5 月 21 日　星期日

上午接見斐益祥。安慶轉南昌電，擬約我任行營參謀長，只因離軍職日久，復電辭。便衣隊擾亂天津，平津形勢嚴重。

5 月 22 日　星期一

朱仲翔上午六時到蘇。午後車赴滬。三先生來蘇。日軍漸向平津進逼，北方和平談判無期。吾方兵力多于對方者數倍，或係交綏而退，或竟節節後移，未發一彈。報章之傳述謂經營數月之塹壕防具，退卻時固完好無恙也，似此何以對前方竭蹶輸將之民眾。

5 月 23 日　星期二

趕上午五時廿分車，七時半到滬，住中國飯店，晤張伯璇、王季文、黃建平，仍談蔣桂合作。七時約張等晚飯。日軍向北通州發砲，城內起火。假使日軍由密雲分兵佔懷柔，則平綏路中斷，而察哈爾全省將陷于孤立無助之境，諸當局將何以善其後也。

5月24日　星期三

上午偕吳少佑出街購物，到商務印書館。本日午飯、晚飯均在少佑家。今日仍與伯璇、季文、建平研究蔣桂合作事，較昨日有進步，其根本問題乃政治問題也。

5月25日　星期四

上午六時起身，八時偕吳少佑遊覽中山馬路。乘九時廿五分車，十一時半到蘇州。周玉麟、梅光庚、曾小魯午後由安慶到蘇州。

5月26日　星期五

上午三先生回南京。午後三時四十分車偕光庚赴滬，住采壽里一號。此房係吳少佑兄之別居，光庚住中國飯店，並有許博明兄同來上海。七時在季文友人處晚飯，九時偕季文、建平到張伯璇暢談妥洽時局事，仍無結果。至十一時卅分歸寓。如桂方對甯方能諒解，余當然就軍委會南昌行營參謀長，否則雖參謀長，與時局無補也。

5月27日　星期六

偕吳少祐到虹橋路遊覽花園。周渭石請午飯。午後在三馬路金櫻家約季文、建平、伯璇、紹先，仍研究團結內部事，即在金家晚飯。我仍力辭參謀長，南昌來電擬改總參議，如此不能再辭，復電可就。偕光庚乘夜車赴京，晤新主席劉鎮華。

5 月 28 日　星期日

上午七時四十分到下關，張文伯、葉元龍、叔仁到站迎接。適劉鎮華乘長興輪赴皖，隨赴該輪晤劉，談一小時，伊開輪西上，我即進城到文伯家休息。本日係端午節，至元龍家午飯，飯後偕元龍到湯山沐浴。遊覽陵園及後湖公園，至文伯家晚飯，乘夜車蘇。

5 月 29 日　星期一

上午五時卅分到蘇。

5 月 30 日　星期二

佶子本日由安慶到蘇，劉雪亞本日上午十時在安慶接省主席事。余在皖一年餘，得將雜稅一律裁去，預算減低七百餘萬元，全省土匪剿清，開省會及京蕪、皖南各馬路，今得平安下台，真正不易。不得不感謝諸同人之努力也。

5 月 31 日　星期三

上午偕惟仁到羅家，又黃家。擬明日赴滬晤張、王等，蔣先生來電約我赴南昌一遊。馮煥章在張家口通電就抗日同盟軍總司令，如此華北一波未了又起一波矣。

6月1日　星期四

晨五時卅分夜車赴滬，住中國飯店，車中遇徐聖禪，同到中國飯店暢談。到吳少佑家午飯，吳又約到金櫻家晚飯。與季文等談話，季日內返港，託伊疏通西南當局與蔣合作，共挽危局。往訪張靜江、蕭紉秋諸君，中日華北停戰協定昨日簽字，其條件計五項，均關軍事，不涉政治。

6月2日　星期五

張靜江、李石曾約談大局和平辦法，余主張政治公開，結束一黨治，清剿土匪，整理其他一切事業，使人民休息，使各派各得其所。午後一時到上海銀行訪楊敦甫。五時偕陳光甫遊覽兆豐公園。晚間張伯璇、王季文來談，仍關大局和平事宜。

6月3日　星期六

乘上午十時車回蘇州。曹纕蘅、葉元龍、朱仲翔由南京乘夜車，今晨到蘇州。亞威約吃晚飯。南昌委余為軍委會南昌行營總參議，只得前往就職，未便再辭，有傷感情也。

6月4日　星期日

上午到蔣家看偉國，請亞威、元龍、仲翔、倍子、伯谷等午飯，擬明日赴南京轉南昌。

6 月 5 日　星期一

偕光庾、仲翔、元龍乘上午十一時五十分車，午後四時五十分到南京，住東南飯店，仲翔約晚飯。晚九時晤汪院長精衛談時局補救之方，無具體辦法，余主張先定法律再研究人事。擬明日赴南昌。又中央飯店理髮，叔仁來談。

6 月 6 日　星期二

上午十一時卅分上建國輪，光庾、元龍同行。午後八時過蕪湖，船中遇北平軍分會委員蕭振瀛（號仙閣），吉林人，此人向在西北軍辦事，甯夏道尹。過蕪湖時，行政督察專員王鑄人、公安局長梅安安等來見。

6 月 7 日　星期三

上午六時過大通，午後一時過安慶，夜十二時到九江。陳司令鳴夏來接，住大華飯店。

6 月 7 日　星期四

晨六時起身，乘八時車，午後十二時半到南昌。熊派彭醇士來車站迎接，住貢院背三號，與孫純齋談話。六時熊天翼來訪，並約晚飯。九時接見鄭達如、孫連仲（號仿魯）、蕭仙閣等。余主張改變制度與改組政府，容納各方意見與人才，如此或可苟安一時，與民休息。熊天翼、楊暢卿均表贊同。

6月9日　星期五

清晨接見浙江大學秘書長沈履（號萊齋），美國留學生。午後會宋世科、林赤民、劉一公、孫伯文、黃光斗等。晚九時偕熊天翼謁見介石兄，暢談時局，余力主改變制度、改組政府、連絡各方，使各得其所，使人民安居。至十一時回寓就寢。

6月10日　星期六

六時起身。九時會張岳軍談華北事。葉元龍今日離贛赴蕪湖，就安徽煙酒印花局長事。連日此間開剿匪會議，介兄亟忙，擬俟稍暇再與細談。前在黑龍江抗日之馬占山、蘇炳文本日到此，此間熱烈歡迎。晚間與孫純齋談道學。

6月11日　星期日

清晨偕光庾遊覽街市，午後與孫純齋談易經。談至二人同心，其利斷金，同心之言，其臭如蘭，誠哉是言也。六時王有蘭、王又庸在毛家園卅七號請吃便飯，有楊暢卿、張岳軍等在坐。

6月12日　星期一

午後偕彭醇士、梅光庾出外散步。

6月13日　星期二

孫純齋七時起程回大通，余親往送行。上午八時卅分熊天翼來談時局和緩辦法，無結果。余保佶子、纕蘅

任行營參議，曾筱魯行營諮議，梅光庚行營中校副官。
午後宋哲元代表北平軍分會委員蕭振瀛來談華北事，以
收拾馮煥章部為最困難問題。

6 月 14 日　星期三

上午八時到行營與廳長見面，並出席各廳朝會，又
賀參謀廳長談剿匪情形，至十一半回寓。晚間仇一山來
談。又湖南神童沈煷若亦寓此招待所，同棹吃飯。此人
現年廿六歲，留學法國，在童年時讀書過目不忘。

6 月 15 日　星期四

上午八時到行營早會，午後到大旅社回看鄭道儒、
蕭仙閣、衛立煌、宋世科。衛現調江西剿共，宋調第四
師副師長。

6 月 16 日　星期五

上午八時到行營出席會報，即朝會也。晚八時會介
兄，伊擬託我赴香港一行，疏解各方，一致剿共。擬明
赴京。

6 月 17 日　星期六

六時起身，乘上午九時半車，午後二時十分到九
江，住國民飯店，遇衛立煌、宋世科。

6 月 18 日　星期日

上午乘江華輪，午後六時過安慶，軍警當局上船來

見。同船有宋世科、衛立煌，又四川朝山香客某男女十
數人。晚間請峨眉山萬佛頂法師性空放焰口，該僧年
七十一，精神飽滿。

6月19日　星期一

上午四時到蕪湖，公安局長梅佛安等來見，葉元龍
等上船同赴南京。十一時到京，三先生來碼頭迎接，隨
十二時四十分車，八時到蘇州。

6月20日　星期二

清晨佶子、亞威等來談。午後三時到蔣家。又到何
肯蓀家，託伊代為料理南園地皮。送曹纕蘅、曾筱魯各
伍百元，巴主任二百元，伊等在省府辦事非常辛苦也。
又曹等赴南旅費伍百元正。

6月21日　星期三

曹纕蘅、曾筱魯乘午十二時車赴南京，回安慶再赴
江西。午後三時車赴滬，住中國飯店512，約黃建平、
張伯璇談余赴西南說和事。此去德鄰、季文等電詢意
見，再定行止。光庚晚車來滬，送元龍來電，汪院長約
余談話。

6月22日　星期四

清晨偕光庚新新公司購零物，十一時到黃建平，仍
談西南事。午後仍與伯璇、建平談話，約老三等梅園晚
飯。高季堂送新鎮廟捐冊來，總共已募一千零伍十元。

光庾午後，五時車回蘇。

6 月 23 日　星期五

上午到吳少祐，並在吳家午飯，又到吳之采壽里別墅。上午到上海銀行訪光甫，午後六時車偕少祐及其愛人遊覽街市，梅園晚飯。九時到拉都路三百十一號訪朱子謙。灤東軍宣佈獨立，日軍撤退無期，而張家口馮煥章態度亦未明白表示。華北未可樂觀。

6 月 24 日　星期六

上午偕吳少祐到中國旅行社問到香港船期。到少祐家午飯。前五月十九日在平津起事失敗之便衣首領郝鵬、白堅武、楊殿林、馬廷福等近抵唐山，與李際春、趙雷等結納，廿日在唐宣佈獨立。郝稱河北國民自治聯軍總司令，擁護五色國旗，反對一黨專政為號召，自命抗日。又香港來電，屬余暫緩前往。又晚間與張伯璇、黃建平來談。

6 月 25 日　星期日

乘上午十時車，十二時到蘇州。偌子來談。午後四時訪謝炎煊未遇，又訪萬雲階。

6 月 26 日　星期一

上午萬雲階來訪。黃建平來電云德鄰約余赴粵，擬明晨赴滬，先與黃接洽，再定行止。

260 吳忠信日記（1930-1933）
The Diaries of Wu Chung-hsin, 1930-1933

6月27日　星期二

上午四時起身乘夜車，八時到滬，往晤黃建平，偕黃訪張伯璇暢談，在中國飯店開 521 房間。電報介石云德鄰邀余赴粵，午後到旅行社買臥車位，到上海銀行託楊敦甫代辦下月五日加拿大輪赴港船票。又訪吳少祐，約張伯璇、黃建平在梅園晚飯。飯後與張等在中國飯店暢談。趁十一時卅分夜車赴南京。

6月28日　星期三

車中遇段運開，同房。上午八時到京，元龍、叔仁來接。又路遇居覺生、徐瑞霖等，住中央飯店。約江彤侯談話，並留午飯。午後到安樂酒店回看江彤侯，江本晚偕葉元龍赴港。晚七時訪張文伯。

6月29日　星期四

上午訪吳稚暉、陳果夫、于右任，陳、于外出未遇，又到奇豐街上海銀行訪李桐村。又訪戴季陶談三小時，同遊孝園，並參觀考試院工程，伊感嘆甚多，于公于私均抱悲觀，號淘大哭。午後五時，訪汪院長精衛，談安定大局，並談余應李德鄰赴港接洽。六時訪居覺生，七時張文伯約晚飯。偕三先生趁十一時夜車回蘇。

6月30日　星期五

五時卅分到蘇。九時到南園看地皮，又到蔣家，到伍家，到羅家。

7月1日　星期六

今日未出門，在家料理行李。午後影毫由安慶回蘇州，省府交代清楚。又偌子、亞威等來談。

7月2日　星期日

上海警備司令戴戟（號□□）上午九時來談，余託伊疏通陳真如，大家共赴國難。又偕偌子往看影毫。又謝炎煊來談，並留晚飯。

7月3日　星期一

三時赴起身，趁上午五時卅分夜車，八時到滬，住中國飯店，車中遇戴戟。上午訪黃建平、張伯璇、楊敦甫、葉元龍、江彤侯，並約葉、江在功德林午飯。午後偕惟仁、光庚、馴叔新新公司購零物。晚間黃建平、張伯璇來談時局，余再三聲明此次赴粵力主團結內部，修明政治，使各派共存共榮，使人民安居樂業。

7月4日　星期二

上午偕惟仁、馴叔到吳少祐家，又偕惟仁到上海銀行取赴香港船票，計頭等艙二人共洋三百元。又訪光甫，伊送惟仁香爐一介。到黃建平家。午後偕少祐到老三家，此人係文女知友也。少祐夫婦約余夫婦等在菜根香晚飯，江彤侯來送行。晚九時偕葉元龍上日興公司小輪，十時開浦東，登該公司加拿大皇后號（二二〇號房），光庚、少祐送至船上，十一時回滬，余與葉十二時就寢。

7月5日　星期三

上午七時由滬開輪，風平浪靜。此次赴粵，專以至誠求大家諒解，以私人名義行動，並不先出主張。與元龍詳談經濟，伊對于經濟制度主張社會主義，對于價值論之勞力說、效用說，主張調和的，對于經濟學主張賸餘勞工之說。

7月6日　星期四

風平浪靜。

7月7日　星期五

上午六時到九龍，季文及張任民、張震來迎接，過海住香港告羅士打酒店。十時李德鄰來談，並約在南唐午飯。午後到丹桂村季文家參觀雞場、蜂場。

7月8日　星期六

七時回香港。天氣極熱，余頭痛。德鄰午後七時來談。九時外出散步，並在陶陶居晚飯。

7月9日　星期日

清晨張任民來談，午後三時晤胡展堂，伊對時局主張蔣下野。余以為離題太遠，萬難接受，無結果而散。五時張任民約遊覽香港全景，並約晚飯。近日天氣太熱，以致頭痛，如在此久居，身體大不相宜也。

7 月 10 日　星期一

上午張震歐來談，午後偕德鄰訪陳真如、李任潮談二時無結果。晚間偕元龍南唐晚飯。渤海艦隊之海圻、海琛、肇和南來，昨日駛入黃浦，歸西南政務會收編。聞尚有楚預、永翔、江利三艦繼續南來。

7 月 11 日　星期二

清晨與季文談大局。午後七時偕元龍乘汽車兜風，樂陶陶晚飯。

7 月 12 日　星期三

清晨陳劭先、張震歐來談，午約陳等遊山，並約晚飯。與季文暢談時局補救之方法。

7 月 13 日　星期四

偕周玉麟、葉元龍南唐早飯。午後李德鄰偕溫魁生、王季文來談，李又約遊淺水灣海水浴場。

7 月 14 日　星期五

午後偕周玉麟到麥慕堯家，麥赴四川未回。此時專待李德鄰同赴廣州一行，即回上海。德鄰約遊廣西，擬作罷。馮煥章、吉鴻昌、方振五十二日上午十時克多倫。

7 月 15 日　星期六

午後二時偕元龍至皇后大戲院看電影，係美國海空

軍潛艇大決戰，影片光芒萬丈，驚險非常。余因氣候不慣，昨夜今朝忽肚瀉，且夜做惡夢。甘介侯偕邱昌渭來談，甘係西南五省外交視察員，邱係桂軍新請之秘書長，甘、邱均係國留學生。

7月16日　星期日

上午王季文、張震歐來談，新世界看電影。

7月17日　星期一

張震歐來談。元龍在新紀元約甘介侯、邱昌渭等晚飯，余作陪。本日由廣西銀行匯毫洋一千元至桂林接濟湘君娘家，稍了余對湘君之心願也。此款係託謝瑩民轉交湘君胞兄羅芳蘭君（計毫洋一千元，合港紙陸百七十三元四角）。

7月18日　星期二

娛樂看電影。

7月19日　星期三

午後到季文家，並在伊家晚飯。偕季文、德鄰、元龍等乘泰山輪赴廣州，夜十時開船，船中遇甘介侯、齊俊卿、邱昌渭等。又與德鄰談安定時局辦法，至十二時就寢。

7月20日　星期四

晨六時到廣州，住新亞大酒店，偕張任民、季文、

元龍遊覽廣州市。市之進步，較十年前大有天壤之別也。參觀中山記念堂，該堂工程浩大（聞用去二百萬元），遊覽粵王臺、六榕寺、黃花岡等處，太平館午飯。飯後到德鄰家，各方論調太高，且不願表示主張，國事前途誠堪憂慮。

7 月 21 日　星期五

馬君武來談。午後到尼姑庵遊覽，該庵係故友鄧仲兄舊遊之地，房屋清潔風涼。午後四時到德鄰家，五時偕德鄰訪陳伯南。與伊等討論時局，均無具體主張，國事前途未可樂觀。即在陳處晚飯，有舊友劉文典及粵省主席林雲陔及陳之參謀長等。飯後林到德鄰家，晚九時到白宮訪劉文典。

7 月 22 日　星期六

上午後未出門。劉叔雅來談，劉前任安徽大學校長，現任清華大學、北平大學教授，此次受陳柏南之聘來粵。午後四時到德鄰家作最討論時局，伊表示廣西現謀省內建設，不欲與聞外事，即在德鄰家晚飯。擬明日回香港，待船返滬。到外交署訪甘介侯君。

7 月 23 日　星期日

偕季文、元龍趁上午八時車，張參謀長任民及陳融先君到車站送行。八時開車，十一時半到香港，仍住告羅士打酒店。車中季文談修身法，內有靜以省身、敬以臨事、誠以接物、恕以待人，余當以此四語作座右銘。

午後五時遊覽九龍城，即在該處鄉間飯店晚飯。

7月24日　星期一

上午十一時再謁胡展堂，談時和平方法，仍無結果。午後過海到九龍乘汽車，至丹桂村王家，即在伊處住宿。

7月25日　星期二

午後回香港。擬明日趁俄皇后回滬。

7月26日　星期三

午後五時過海，上昌興公司俄羅斯皇后，七時開輪，與元龍同房，輪中遇齊俊卿等。

7月27日　星期四

風平浪靜，惟天氣太熱，頭痛。

7月28日　星期五

午後七時到滬，住少祐家，建平、光庚來接船。晚間訪張伯璇。

7月29日　星期六

清晨到上海銀行訪陳光甫、楊敦甫。偕光庚乘上午十時車回蘇州，午後羅佶子、謝炎煊來談，謝託向蔣說話，擬謀吃飯差事。得安慶來電，天幹姪病危。

7 月 30 日　星期日

安慶來電，天幹今晨丑時病故，聞之悲痛殊深。余使其讀書，由中學畢業入浙江大學農學院畢業，現在皖建設廳任執事。正期蒸蒸日上，何天不祐乃爾，亦吳氏門中之大不幸也，當即電請叔仁前往代為料理善後。午前訪偕子及伍伯谷，伍患病甚重。午後偕光庾乘五時十五分車赴南京，十時十五分到下關，住東南飯店。

7 月 31 日　星期一

午後五時由京乘同和輪赴九江，該輪原定上午十時開輪，因載貨太重，上行極慢。

8月1日　星期二

上午三時到蕪湖，六時由蕪開輪西上。

8月2日　星期三

上午九時過小姑山。午後二時半到九江，陳鳴夏來接。隨乘伊汽車到蓮花洞，六時至牯嶺，先至鳴夏家，曹纕蘅、彭醇士、段運開來談。假住一百零六號，在九十四號間壁，余昨年來亦住此。晚間王揖唐來談，傅汝霖、蕭香閣亦住此房，均見面。山上天氣涼爽。

8月3日　星期四

上午訪熊天翼，午後一時介兄約午飯，有王揖唐、曹潤田、吳達詮、錢新之、段運開、陳斐青等在座，飯後談此次赴廣東晤各要人情形。四時訪王揖唐、曹潤田。晚七時熊天翼約晚飯，仍係蔣宅午飯諸君。又午後五時訪楊暢卿，遇蔣作賓。

8月4日　星期五

清晨回拜吳達詮、錢新之、梁鴻志、陳斐青等，十時訪戴季陶，談三時，對于無具體補救之方法，即在季陶處午飯。午後三時訪張文伯，同出散步。七時楊暢卿約晚飯，仍係達詮、揖唐、天翼等在坐。晚間揖唐來談。

8月5日　星期六

清晨訪徐靜仁、段運開，均外出未遇。陳柱一來談

國際近況及德國政情，陳前任德國使館秘書，現任砲兵
學校譯員。午後偕纕衡、光庾、小魯、凝生遊覽黃龍寺
及黃龍潭，並纕衡等住處休息。又上午曾曉淵來談，晚
九時楊暢卿來談。

8月6日　星期日

　　上午九時偕張文伯夫婦及其子女遊覽黃家坡，即在
該處野餐，午後五時回寓，本日天熱。午後六時安徽保
安處長蔡丙炎來報告安徽治安情形。上午在牯嶺路中遇
介石夫婦散步，又黃家坡上下兩瀑布為天然泳池，而兩
岸懸崖萬丈。至鞋山雄踞鄱湖，風景極佳，亦為清明宋
遊人所罕到者。

8月7日　星期一

　　清晨訪王揖唐。午十二時張文伯在大林寺花徑請素
餐，有徐靜江、楊耿光及太虛法師等在坐。飯後偕太虛
到大林寺談佛學。午後六時陳果夫、陳立夫、陳天放、
余井塘等來談。

8月8日　星期二

　　清晨回拜陳天放、陳果夫。上午九時偕文伯及其子
女經黃龍寺、牧馬場至鐵船峰遊覽，觀石門澗瀑布，風
景甚佳，即在該峰野餐。午後到黃龍潭沐浴，至五時半
回寓。在黃龍潭遇陳柱一。

8月9日　星期三

上午八時半回拜陳立夫。九時半訪王揖唐。十時到戴季陶處談佛學，適陳果夫、立夫、程天放、周象謙亦至戴處，均在戴處午飯。午後忽大雨，天氣轉涼，五時回寓。馮煥章退張北，宋哲元到張家口，華北或可暫時和平。

8月10日　星期四

上午曹潤田來談國際形勢，頗感覺中國難于應付。蔣雨岩來談，亦感覺對日外交無良好辦法。徐凝生回安慶，清晨來辭行。午後偕纕衡外出散步。

8月11日　星期五

上午訪王逸唐，同王步行蘆林卅八號曹彭處午飯。飯後偕王仍步行，途中遇季陶，一同步行至余住處。即留王、戴晚飯，彼此大談佛學，竟歡而散。余自擬目下自處對聯，文曰：愈冷靜將來愈有希望，愈熱衷現在愈無辦法。

8月12日　星期六

上午往訪汪精衛途中遇張岳軍。十時訪張文伯，即在張處午飯。又林赤民來談。晚九時至王逸唐處辭行，擬明晨下山回蘇。

8月13日　星期日

清晨大雨。上午七時半下山，九時至蓮花洞，隨乘

陳司令鳴夏派來汽車，到九江招商碼頭上江順輪。午十二時開輪，鳴夏來送行。午後六時過安慶。船中遇李子寬，暢談佛學。

8月14日　星期一

上午五時到蕪湖，六時半開輪，十一時到下關，叔仁、元龍、廷才到船迎接。乘午後十二時四十分車，晚七時到蘇州。

8月15日　星期二

因文叔等學費事，故乘午後三時車赴滬，五時到北站，至亞爾培路口霞飛路偉達飯店住宿。該飯店係外國式，無蚊帳，致受蚊蟲之擾，夜不能寢，明日非遷居不可也。又約黃振凡兄談話。清晨訪羅佶子兄、偉國及怡誠，到余家看申、馴兩兒。

8月16日　星期三

上午遷居南京飯店。往晤陳光甫，暢談世界經濟不景氣及我國經濟之危機。約方叔姪來問，文叔、振宗和俊、敬叔四人下學期學費季洋七百五、六十元，隨付洋八百元，多餘之數，給方叔零用。先施公司購零物。伯璇、笠夫、建平來談，對于時局多抱悲觀。

8月17日　星期四

乘上午十時車，十一時十五分到蘇州。午後訪羅佶子兄。近鄰好友伍伯谷先生，于本日午後一時病故。伍

先生滿清舉人，深通佛學，余時常領教，獲益良多。其子伍克家君，精明強幹，大有可為。隨即至伍家弔唁。

8月18日　星期五

清晨偕羅先生往弔伍先生，又同訪顏先生。張叔怡、曾影毫、殷紹乘來談，殷隨回鎮江，留張、曾午飯。午後彭丙一來談，又道叔清晨來報告天幹病故情形，隨回京。

8月19日　星期六

本日未出門。整理書櫃。

8月20日　星期日

伍伯谷先生午後一時出喪，余與借子、影毫等親送至安樂園。

8月21日　星期一

本日未出門，整理樹木。晚七時大風雨，後門柳樹吹斷一根。

8月22日　星期二

三先生由京來蘇。

8月23日　星期三

惟仁偕三先生午後三時車赴滬。清晨偕麗君、馴叔公園散步，並到觀前購零物。

8 月 24 日　星期四

上午到影毫家。回看謝炎煊。今日天氣甚熱。

8 月 25 日　星期五

上午訪凌毅然，到蔣家。午後天雨。麗君到平門楊和慶處醫鼻疾。

8 月 26 日　星期六

凌毅然來談。吳少佑午後五時半由滬來蘇，報告華北情形及日本外交。隨乘八時車返滬。

8 月 27 日　星期日

惟仁偕叔仁由滬返蘇。葉元龍由京來蘇，偌子、亞威與葉談話。葉擬明晨赴港歡迎宋子文。

8 月 28 日　星期一

元龍乘上午五時夜車赴滬。

8 月 29 日　星期二

未出門。天氣頗熱。宋子文由美返國，上海各團體熱烈歡迎。

8 月 30 日　星期三

三先生趕午車回京。

8月31日　星期四

未出門。

9月1日　星期五

何亞龍、羅佸子來談，何談日本外交情形，留何等午飯。

9月2日　星期六

到佸子家，同去看亞威病。

9月3日　星期日

上午看顏芝卿病，回看何亞龍，看蔣偉國。午後偕光庚看徐伯明病，往觀前購零物。

9月4日　星期一

乘午十二時四十分車赴滬，住南京飯店。四時到上海銀行晤陳光甫、楊敦甫。晚九時約黃建平、王靈誠談時局和平，余仍主張團結內部，剿平匪土，使人民安居樂業，謀社會經濟之發展。

9月5日　星期二

偕光甫乘上午八時車，九時五十分到蘇州。同至安樂園弔伍伯谷先生，十一時到余家，十二時到佸子家。陳因另有約會，隨出城到花園飯店，伊趁午後五時車赴鎮江。

9月6日　星期三

吳少佑來蘇。午後偕少佑到羅家。

9月7日　星期四

清晨偕少佑遊覽影毫花園，又到鄒家花園買紫薇花二根。少佑趁午後十二時四十分車返滬。

9月8日　星期五

上午到何肯蓀家，同去看地皮，並計劃植樹。路遇何亞龍，約至伊家談時局並日本外交，伊即晚動身赴北平。

9月9日　星期六

吳和生由滬來蘇，隨乘晚車赴吳錫。上午何肯蓀來談闊家頭巷陳家地皮出售事。

9月10日　星期日

本日未出門。

9月11日　星期一

未出門。午後亞威來談。

9月12日　星期二

清晨到土地巷訪徐聖禪，適赴滬未遇。到穿心街報國寺回看曹亞伯，並訪現在該寺閉關高僧印光大師。印光年七十二歲，深通國學，專心淨土法門，極有心得，實佛教中希有之人物。該僧不尚應酬，言語誠實，勸余念佛了生死，求生西方。但余支見太多，一事無成，殊覺慚愧。曹亞伯原係耶教信徒，現迷信佛法。

9月13日　星期三

清晨佶子來。李石曾派崔竹溪送信來蘇，並介紹竹溪見面。

9月14日　星期四

本日未出門。看佛書。

9月15日　星期五

未出門，整理樹木。現在是個人及國家都應反省，內省自己，批判自己，同時更有重新建立新姿勢與新決心之必要。

9月16日　星期六

未出門，讀書。凡事不該以人為對手，應該以天為對手。

9月17日　星期日

上午觀前買零物。伍克家來談。午後讀書。在人世中處事，往往是有功不易叫人記住，而有罪時大家就念念不忘了。

9月18日　星期一

上午到羅家。午後在家整理房屋。日本人批評中國一有事情，就列強去訴說，而希望列強大家出來亂說一陣，把日本壓服一下，中國迷夢應該醒醒了。

9月19日　星期二

乘午十二時五十分車赴滬看文叔姪病，住南京飯店六百十一號。文叔病已愈。

9月20日　星期三

上午到吳少佑家，即在吳家午飯。飯後少祐訪朱佛定君，朱通英法語言文字，深通法律，前充徐又爭秘書長。晚七時楊文球約晚飯，有少祐等在坐。

9月21日　星期四

趁上午八時車回蘇。少祐送到車站。午後偕惟仁到羅家。

9月22日　星期五

未出門，整理樹木。午後讀書。以自身經驗做自身教訓，政治家不應該無理，假使政治家無理，就會受金錢所累。

9月23日　星期六

未出門，在家看書。大慾無慾，大智若愚。人生在世，苦難為人生之常。凡事能忍苦，可得最後勝利。人情深厚的人，往往不易被人感德，反招人怨。雖如此，仍以深厚為要。

9月24日　星期日

未出門，在家看書。

9 月 25 日　星期一

未出門，在家看書。

9 月 26 日　星期二

葉元龍午後由滬到蘇，晚間葉與亞威、佶子、惟仁竹敘。

9 月 27 日　星期三

清晨蔣作賓來談國際情形，並陪同遊覽羅園。留蔣午飯，約佶子、亞威、元龍、影毫作陪。蔣（號雨岩）現任日本公使，人極圓通。蔣午後○時廿五分車赴滬，余親送至車站。晚佶子約元龍及余等晚飯。

9 月 28 日　星期四

清晨王逸塘夫婦來訪，留午飯。午後偕王夫婦赴崑山看王住宅及地皮，乘八時廿五分車，九時四十分到滬。吳和生來接，即往伊兄少祐家，隨往訪笠夫談話，仍無結果。

9 月 29 日　星期五

清晨訪陳光甫，又上海銀行訪楊敦甫。少祐請午飯，有陳光甫、段運愷、王笠夫、王逸塘在座。

9 月 30 日　星期六

上午七時四十分偕少祐送笠夫上船，十一時偕王揖堂訪段芝泉先生，伊行年七十，精神尚佳。段留午飯，

有吳光新、曾雲沛、梁鴻志、王揖堂等在坐。午後一時
訪張靜江，乘午後三時反蘇，五時廿分到家。前安徽省
府同事光明甫兄日前來蘇，住在余家，此人桐城學派，
文學極佳。

10 月 1 日　星期日

張亞威約午飯。劉石菴午來訪，午後五時車與曹纕恆一同赴南京，又葉元龍與叔仁上午十時車回京。午後梅光庾陪光明甫遊虎丘等名勝，午後六時至蔣家，託代轉致蔣函。

10 月 2 日　星期一

光明甫兄乘上午十時車赴無錫回南京。午後整理園中柳樹。

10 月 3 日　星期二

上午仍整理柳樹。午後偕影毫、偌子到闊家頭巷看新買地皮，計劃植樹。

10 月 4 日　星期三

本日中秋節，偌子夫婦及其世兄志枚，及其外甥女黃大小姐、二小姐來拜節。

10 月 5 日　星期四

惟仁陰八月廿日五十生辰。當此時局紛擾，萬無做壽之理，惟有避壽之一法耳。故偕惟仁及馴叔乘午十二時四十五分車赴滬，住吳少祐家。晚偕馴叔、惟仁等三星舞台觀劇，余不入滬劇院已十有七年矣。

10 月 6 日　星期五

上午訪蔣雨岩、張靜江，在張處遇李石曾暢談時

局，無具體辦法。李請晚飯，在坐只有張靜江兄一人，再談三小時，仍無辦法。

10月7日　星期六

上午八時偕惟仁、馴叔及吳少祐兄乘汽車由滬出發往甯看潮，午十二時卅分在距海甯八里之八寶觀潮，如萬馬奔騰，有進無退，誠奇觀也。復趕至海甯城觀看。午後三時半到杭州，住裏湖葛嶺飯店，到招賢寺訪弘傘法師，適赴山東，未遇。

10月8日　星期日

清晨敬叔姪來，伊在之江大學高中三年級，讀書成績尚佳。隨偕敬叔、馴叔、惟仁及少祐等乘汽車遊覽林隱、中山公園、平湖秋月等處，樓外樓午飯。飯後清和坊購零物，遊覽東岳廟，送敬叔到之江大學，順遊虎跑寺，杏花村晚飯。適遇楊敦甫夫婦，亦住葛嶺飯店。

10月9日　星期一

上午八時半仍由杭州乘汽車回上海，是日天氣清和，適惟仁五十大慶。午十二時卅分到滬，在覺林晚飯。

10月10日　星期二

上午偕惟仁、馴叔遊覽兆豐公園。午後看德國馬戲，擬明日回蘇。

10 月 11 日　星期三

乘上午八時車，九時四十分到蘇州車站。適偌子由蘇乘此次車赴鎮江，就江蘇省府委員職。

10 月 12 日　星期四

偕叔仁到闊家頭巷看地皮。又亞威來談。

10 月 13 日　星期五

上午偕叔仁、光庾、肯蓀到闊家頭巷測量地皮，並計劃植樹，預定植法國梧桐五十一株。在家料理園林之樂，則較在政治舞台之困苦有天壤之別也。許凝生、宋■州。

10 月 14 日　星期六

整理樹木。蔣嫂嫂生日，親往拜壽，並在蔣飯。

10 月 15 日　星期日

上午影毫代為整理石榴樹及樟樹等。午後元龍、纕蘅來蘇，偕伊及偌子、影毫觀前自然食品公司晚飯。

10 月 16 日　星期一

纕蘅上午回京，伊現任行政院秘書。偕影毫到闊家頭巷新園。謝炎煊、張亞威、葉元龍、張叔怡四人竹敘。

10月17日　星期二

元龍、叔仁上午回京。午後到新植樹。

10月18日　星期三

到鄒園購樹。到影亳家、謝炎煊家。萬雲階明日遷駙馬府塘前新宅，午後特往慶賀，恐明日客多之故也。整理梅樹。近旬已來，牙痛異常，擬明日赴滬就醫。

10月19日　星期四

乘十二時四十五分車赴滬，仍住吳少祐家中。午後四時偕少祐到上海銀行，託楊敦甫兄介紹何安華牙醫生，隨赴。何醫云須將右邊下第二板牙拔去，擬明晨照辦。晚偕少祐到大陸商場。

10月20日　星期五

上午九時半到何醫處將下邊第二板牙拔去，並無多大痛苦。午後再檢查，尚有牙根一部，再用手術，流血甚多且甚痛。

10月21日　星期六

上午九時卅分到何醫處復診，因尚餘血，午後仍復診。趕午後三時回蘇，車中人多無坐位，站立到蘇。晚六時張亞威偕王葆齋來訪。

10月22日　星期日

上午到羅家。午後偕倍子、影亳到西中市買皮箱，

並在觀前散步。

10 月 23 日　星期一

未出門。午後張叔怡、王盡臣來訪。

10 月 24 日　星期二

昨晚七時半，天空忽見亮光如同白晝，閱報，鎮江、南京、無錫均如此。上午見劉筠青，午後高季堂由南京來。

10 月 25 日　星期三

清晨偕季堂到安樂園。季堂午後車回滬。平東南角地，預備起造花台。

10 月 26 日　星期四

本日規定花台地位，又除去東南大柳樹三株，因有礙花台。

10 月 27 日　星期五

上午開工築花台。張亞威介紹同鄉譚聲乙來見，譚係留英學生。午十二時卅分車赴滬，仍住少祐家，遇高曙卿。晚間在中國飯店晤張伯璇、黃建平，討論西南和平問題。余仍主張團結內部，一致對外。

10 月 28 日　星期六

乘上午八時車回蘇。午後到新園植樹。近日財政部

長宋子文忽有辭職之說。

10 月 29 日　星期日

昨日蔣介石將南飛京、昌，今晨中央政治會議准宋
子文又辭財政部長及行政院副院長，以孔祥熙繼任。蔣
于午後仍飛回南昌。

10 月 30 日　星期一

未出門。王盡臣送履歷來，託代向內政部進言分省
以縣長任用。蘇五屬鹽務緝私局長張中立來訪。

10 月 31 日　星期二

今日開工修築草地東西南三面水泥路。惟仁昨夜
肚瀉。

11 月 1 日　星期三

仍作水泥工程。

11 月 2 日　星期四

未出門。張叔怡來訪。開工造東南角亭子。

11 月 3 日　星期五

未出門。水泥路工程完畢，計十一方丈，計二百七十元。

11 月 4 日　星期六

上午到曾園，再到鄒園購月季及芍藥等。又偕子、影毫訪張叔怡。

11 月 5 日　星期日

上午到偕子家。蔣家請晚飯，有蔣孝先等在坐。殷紹丞清晨來部。

11 月 6 日　星期一

彭龍士、曹纕蘅來訪，彭等■■■午飯。又天長縣常振穎來訪。今日天氣甚寒。本日請蔣太太及其阿姐等午飯。

11 月 7 日　星期二

未出門。監工造亭。午前張叔怡來談，午後楊固卿來訪。

11月8日　星期三

仍在家監工。上午凌毅然來訪。午後葉元龍、鄭道儒來訪，陪伊等遊羅園及公園，又觀前散步，約葉、鄭等自然食品公司晚飯。鄭夜車回京，鄭現任廿五路梁冠英總指揮部秘書長兼駐京辦事處長，此次代表梁來蘇。

11月9日　星期四

在羅家午飯。午後叔仁偕曾小魯到蘇。

11月10日　星期五

未出門，在園監工，天氣和暖。

11月11日至14日　星期六至二

【缺】

11月15日　星期三

光明甫來訪。

11月16日　星期四

未出門。張克堯來訪。

11月17日　星期五

亞威約午飯。移植桂花及黑松。

11月18日　星期六

上午由羅家移分芍藥四十株，午後影毫來代建花

台，又偕影毫到鄒家花園購樹。

11 月 19 日　星期日
清晨曹纕蘅由京來蘇。王揖堂、解樹強、王德均來訪，留午飯。飯後伊等回崑山。今晨種月季花十餘株及柿樹、桃樹等。光明甫赴南京，此人桐城學派。

11 月 20 日　星期一
纕蘅回南京。惟仁由滬回蘇。午後樂群沐浴。

11 月 21 日　星期二
未出門。陳真如、李濟深等在福建獨立，將成立人民革命政府，定廿二日在舊省府舉行成立典禮。政府之上設立人民革命大同盟會，宣佈脫離國民黨，取銷青天白日旗，計口授田等等。改用上藍下紅，中嵌黃色五星為旗徽，湊合社會民主黨、第三黨、國家主義派之份子，改組一黨名生產黨。

11 月 22 日　星期三
未出門，在家監工。

11 月 23 日　星期四
未出門。吳少祐兄晚十時到蘇。

11 月 24 日　星期五
未出門，仍在家監工。少祐乘五時廿分夜車赴滬。

11月25日　星期六

未出門，午後移植樹木。王調甫名世鼐，貴池人，美國留學生，伊由滬來訪，留晚飯，旋即返滬。

11月26日　星期日

上午楊譜生來談。吳少祐由滬來，飯後即回滬。午後孫希文來談，伊任福建建設廳長，因不贊成陳真如、李濟琛之獨立，故辭職來蘇居住。西園牆完工。種方亭西面楓樹。

11月27日　星期一

方亭完工。午後仍移植樹木。

11月28日　星期二

上午到闊家頭巷植柏樹二十株，午後仍在家移植樹木。四時偕叔仁樂群沐浴。

11月29日　星期三

黃建平由京到蘇，談在贛謁蔣情形。伊飯後回滬，派三先生在車站招待，約余赴滬，晤張伯璇等討論中央與西南合作事宜。午前在家整理樹木。

11月30日　星期四

午十二時卅分車赴滬，仍住少祐家。七時半黃建平來談話，先去電詢桂方意見再決定余之行止。九時偕少祐夫婦大光明看電影。

12 月 1 日　星期五

上午訪王揖唐。午後買皮衣。晚七時約張伯璇、王建平在南京飯店與談時局，無具體辦法。閩、浙雙方均極積增兵，難免一戰。

12 月 2 日　星期六

上午訪段芝老。訪李石曾，適張靜江、張伯璇等在坐，彼此詳細討論安定時局，仍無辦法。午後見方叔、文叔、和均及張國書等，又見高季堂，晚間再與。

12 月 3 日　星期日

趁十二時十五分車回蘇，適曹纕蘅、鄭達如、葉元龍亦由京到蘇，皆住余家。有朱平燕、王雨琴、何德林三人，皆無職業，迭次接濟，今又無理取鬧，只得呼警干涉。

12 月 4 日　星期一

纕蘅、達如上午回京，元龍晚九時赴滬。吳和生由滬送李德鄰電報來蘇，李約余赴廣西，當將此電轉告介兄。

12 月 5 日　星期二

在家整理圖書。

12 月 6 日　星期三

整理圖書。元龍由滬來，趁夜車赴京。宋子文請他

擔任長江經濟委員會分會事。

12月7日　星期四

仍在家整理圖書。午後李師廣來訪，留晚飯，趁十時廿分車回滬。

12月8日　星期五

天植由滬來，隨即返皖。凌毅然請惟仁、麗君午飯。

12月9日　星期六

趁十二時卅分車赴滬，住少祐家。往訪張伯璇、張靜江，詢問西南情形，據云在現狀下無組織政府之可能。又到大集成衣莊與麗君購被風狐皮，計一百四十四元，較往年價底多矣。

12月10日　星期日

乘上午八時車回蘇，吳和生偕行，吳係回吳錫。葉元龍、曹纕蘅、李明揚午後先後到蘇，李晚飯後回滬。

12月11日　星期一

纕蘅早車回京，元龍晚車赴滬，叔仁由京來蘇。本日仍整理圖書。

12月12日　星期二

叔仁赴滬，看張國書病。午後郝旭東、范憫黔偕亞威來訪，隨約郝等自然食品公司晚飯，飯後偕亞威樂群

沐浴。

12月13日　星期三

王揖唐夫婦及其友人李毓華（號雪夫）由滬來遊，留晚飯。三先生由滬回，國書病頗反復。偕亞威回看郝旭東。

12月14日　星期四

偕倍子訪何亞龍。

12月15日　星期五

到羅家。與亞威談話。

12月16日　星期六

介來電主張聯桂，約赴南昌面商。隨乘十二時卅分車赴滬，電詢廣西真正意思。二時四十分到滬，住吳少祐家，往訪桂方代表張伯璇，去電李德鄰，俟其復電到時再赴南昌。

12月17日　星期日

趁上午八時車，十時到蘇，適倍子、亞威赴南京。

12月18日　星期一

未出門。擬改變現在政治制度之意見，年來紛亂不已，內憂外患危險萬分，推原其故，皆因制度之不良。此改變意見擬就，擬徵各方同意，如可實現，或可苟安

一時也。

12月19日　星期二

高季堂來蘇，乘汽車返滬。

12月20日　星期三

王又庸來蘇，蔣派其桂接洽，特來與余磋商。余主張良心救國，總以減少人民痛苦為唯一之原則。王晚車返滬。林德卿由閩到蘇，報告閩省情形。惟仁由杭回蘇。

12月21日　星期四

祭祖。

12月22日　星期五

李德鄰復電，對于時局主張，已告張伯璇，隨乘午後車赴滬晤張，仍住吳少祐家。桂方提改革政治四項主張。

12月23日　星期六

偕高季堂訪少川。到上海銀行訪楊敦甫。楊介眉等偕王揖堂訪段芝老。惟仁偕緯國、冶誠午後二時半到滬，乘午後五時船赴甯波轉奉化溪口，因蔣太夫人陰十一月初九日七十冥壽。乘午後三時車回蘇。擬明日赴京轉南昌。

12 月 24 日　星期日

乘上午九時五十分車赴京，光庾同行，住下關東南飯店。伍時半訪汪精衛，談一小時，對于時局無具體辦法。偕纕蘅、亞威、元龍等川菜晚飯。飯後到良友里纕蘅家。

12 月 25 日　星期一

今日無上水輪，擬明日起行。偕纕蘅、亞威、元龍遊覽棲霞山，午後四時回城。中華池沐浴，到南門外馬祥興回教館晚飯。

12 月 26 日　星期二

五時起身，六時上江新，八時開輪。纕蘅、小魯等送行。

12 月 27 日　星期三

上午四時由安慶開輪，午後二時卅分到九江，住大旅社。陳鳴夏約晚飯，飯後同到陳處閒談。

12 月 28 日　星期四

上午六時起身。趁上午七時四十分車，十二時至牛行車站，隨過江住南昌大旅社，隨移至貢院背三號。與楊秘書長暢談，並電蒲城報告介兄。熊天翼約晚飯，並暢談時局。

12月29日　星期五

偕光庚第一泉沐浴，介兄復電約赴蒲城晤談。晚間與楊暢卿談西南政局，仍無結果。

12月30日　星期六

上午九時與熊天翼談時局，隨同往行營訪賀國光，擬明日飛蒲城。林德卿到贛，午後四時偕德卿、光庚遊青云普。彭醇士在將校集會所請吃晚飯。

12月31日　星期日

清晨彭凌霄來談。午十二時由南昌乘飛機過撫州，越武夷山，浩浩蕩蕩，白霧茫茫，誠大觀也。午後二時十分到蒲城，四時晤介兄，晚七時卅分再晤介兄。對于時局，大家討論並決計聯桂。又訪林又文、毛慶祥等，擬明回滬。此行結果尚佳。

民國日記 41

吳忠信日記（1930-1933）
The Diaries of Wu Chung-hsin, 1930-1933

原　　著　吳忠信
主　　編　王文隆
總 編 輯　陳新林、呂芳上
執行編輯　李佳若
文字編輯　林弘毅
封面設計　陳新林
排　　版　溫心忻

出　　版　開源書局出版有限公司
　　　　　香港金鐘夏愨道 18 號海富中心
　　　　　1 座 26 樓 06 室
　　　　　TEL：+852-35860995

　　　　　民國歷史文化學社 有限公司
　　　　　10646 台北市大安區羅斯福路三段
　　　　　　　37 號 7 樓之 1
　　　　　TEL：+886-2-2369-6912
　　　　　FAX：+886-2-2369-6990

初版一刷　2020 年 8 月 31 日
定　　價　新台幣 350 元
　　　　　港　幣　90 元
　　　　　美　元　13 元
Ｉ Ｓ Ｂ Ｎ　978-986-99288-9-2
印　　刷　長達印刷有限公司
　　　　　台北市西園路二段 50 巷 4 弄 21 號
　　　　　TEL：+886-2-2304-0488

http://www.rchcs.com.tw

國家圖書館出版品預行編目 (CIP) 資料

吳忠信日記 (1930-1933) = The diaries of Wu
Chung-hsin, 1930-1933 / 吳忠信原著 . -- 初
版 . -- 臺北市 : 民國歷史文化學社 , 2020.08

　　面；　公分 . -- (民國日記 ; 41)

ISBN 978-986-99288-9-2(平裝)

1. 吳忠信　2. 傳記

782.887　　　　　　　　　　　　109012439